꽃 이름을 외운다

현대수필가100인선II · 51

꽃 이름을 외운다

이현수 수필선

수필과비평사·좋은수필사

■책머리에

수필은 누구나 부담 없이 읽고, 마음만 먹으면 직접 쓸 수도 있는 가장 친근한 문학이다. 다른 영역의 문학이 영상매체에 밀려 신음하고 있는 중에도 수필 인구만은 날로 증가하여 바야흐로 수필 전성시대를 구가하고 있는 이유도 거기에 있을 것이다.

시대적 추세에 힘입어 수많은 수필전문지, 수필동인지가 창간되고, 이에 비례하여 신진 수필가도 날로 늘어나다 보니 이제는 그 많은 작가, 그 많은 작품 중에서 문학성 높은 작품을 가려 읽는 일이 쉽지 않게 되었다. 이런 현상은 작가에게나 독자에게나 결코 바람직한 일이 아니다. 더 나아가서는 수필을 연구하는 후세들에게도 큰 부담이 될 것이다.

이런 문제를 해결하는 데는 출판인도 마땅히 한몫을 감당해야 한다는 평소의 소신에 따라, 본사가 기꺼이 그 역할을 맡기로 했다. 그 첫 번째 사업으로 시대를 대표할 만한 수필가 100인을 선정하고, 작가가 자선한 40편 내외의 작품을 수록한 문고본을 발간하여 이를 널리 보급함으로써 그 소임을 다하고자 한다.

본사는 사명감을 가지고 이 사업을 추진해 나가기로 했다. 작가 선정을 전담할 편집위원회를 구성하고 전권을 위임하여 일체의 사적인 정실이나 청탁을 배제함으로써 전문성과 공정성을 확보해 나갈 것이다.

따라서 이 기획물 속에는 작가의 문학정신뿐만 아니라, 본사의 문학사적 기여 의지와 편집위원 제위의 수필문학에 대한 애정과 문인으로서의 양심이 함께 담겨 있음을 자부한다. 다만, 작가를 선정하는 기준에는 많은 견해의 차이가 있을 수 있고, 선정 과정에서도 미처 챙기지 못한 부분이 있을 것이라는 사실만은 인정하지 않을 수 없다. 이 점에 대해서는 관계자 여러분의 양해 있으시기 바란다.

이 시리즈의 발간 순서는 작가, 또는 본사의 사정에 의한 것일 뿐 그 밖의 어떤 기준도 적용하지 않았음을 밝힌다.

본 기획물이 시대를 초월한 많은 수필 애호가들의 관심과 애정 속에 우리나라 수필문학 발전에 한 이정표가 되기를 바랄 뿐이다.

본사에서는 이상과 같은 취지로 ≪현대수필가 100인선≫ 전 100권을 완간하여 큰 반향을 불러일으킨 바 있다.

그러나 우리 수필문단의 규모나 수필문학의 수준에 비추어 선정 작가를 100인으로 한정하는 것은 형평성이나 효율성 면에서 크게 부족하다는 의견이 많았고, 본사 또한 이를 통감하던 터라 기꺼이 ≪현대수필가 100인선Ⅱ≫를 발간하기로 했다.

본사의 충정에 찬동하여 출판에 응해주신 저자 여러분에게 진심으로 감사한다.

2014년 9월 일

수필과비평사 · 좋은수필사 발행인 서 정 환

현대수필가 100인선 간행 편집위원 박 재 식 최 병 호

정 진 권 강 호 형

오 세 윤

1_부 하루 세끼

서울 까치 • 12
꽃 이름을 외운다 • 17
느긋하게 살기 • 21
예사롭지 않은 목숨 • 26
태산목으로 남은 사람 • 29
하루 세끼 • 33
자살과 타살 사이 • 38
향기는 미풍에 • 43
조계산 오솔길 • 46
쓴맛 단맛 • 50

2_부 풍경처럼

모자 컬렉션 • 56
새것과 낡은 것 • 61
풍경처럼 • 66
유년의 언덕 • 70
산사의 음악회 • 76
누구십니까 • 80
안 씨安氏 • 84
에스프레소espresso • 89
잡초에 관한 변설 • 94
저 작은 새 • 98

3_부 무슨 나무로 서 있을까

다시 돌아가지 않으리 • 104
우회迂回 • 109
무슨 나무로 서 있을까 • 114
나이테 • 118
남아 있는 시간 • 124
버리고 간다 • 129
아버지의 바다 • 134
멀리 있는 것은 그립다 • 139
표류하는 삶 • 143
파도를 넘어 • 148

4_부 바다에서 바다로

감성여행 • 154
이혼박물관 • 159
약초와 독초 • 164
둑길을 걸으며 • 169
바다에서 바다로 • 173
불편한 인과 관계 • 180
하산하면서 • 185
산빛은 시간 따라 • 189
아, 나의 스승 • 194
푸른 꿈, 흰 꿈 • 201

■ 작가연보 • 205

1부

하루 세끼

서울 까치
꽃 이름을 외운다
느긋하게 살기
예사롭지 않은 목숨
태산목으로 남은 사람
하루 세끼
자살과 타살 사이
향기는 미풍에
조계산 오솔길
쓴맛 단맛

서울 까치

우리나라 사람들은 대체로 까마귀보다는 까치를 좋아한다.

동물을 좋아하는 모습에서도 그 나라의 국민성을 엿볼 수 있을는지 모르겠다. 일본 사람들은 우리와 달리 까치를 싫어하고 까마귀를 좋아한다고 한다. 우에노 공원에 수만 마리의 까마귀가 운집해서 살고 있다는 말을 들으면 섬찟 무서운 생각까지 든다.

고구려 고분 벽화를 보면 삼족오三足烏, 즉 까마귀가 태양신으로 신봉되었다는 사실을 알 수 있고, 늙은 어버이에게 먹이를 물어다 주는 반포反哺의 효를 행한 것도 까마귀이다. 그런데도 우리에게 까마귀가 흉조로 인식되고 있는 것은 그 검은 색깔이 주는 어두운 이미지와 음울한 울음소리 때문일 것이다.

예로부터 까마귀 울음을 초상이 날 징조로 여겼고, 먼 길을 떠나는 날 까마귀가 울면 불길한 일이 생길 것을 예감하고 길 떠나기를 꺼리기도 하였다.

어렸을 적에 들었던 출정가의 가사에 “어머니 부디 안녕히 계십시오. 까마귀 우는 곳에 나는 갑니다.”라는 구절이 있었다. ‘까마귀 우는 곳’이란 주검이 널브러져 있는 곳이라는 의미일 것이다.

그러나 까치에 대한 생각은 달라서, 기쁜 소식을 전하는 길조로 여겼었다. “까치까치 설날은 어저께구요. 우리우리 설날은 오늘이래요.”라는 동요만 보아도 우리는 까치와 인간을 동격으로 인정하고 애정과 친근감을 표현했던 것이다.

우리 아파트 거실에서 4~50m쯤 떨어진 곳에 메타세쿼이아 가로수의 2차선 길이 나 있는데, 아파트의 높이 9층까지 거의 다가설 정도로 치솟아 오른 나무줄기 끝부분에 까치집이 매달려 있다.

세찬 바람이라도 불면 금방 떨어질 것처럼 위태로워 보이지만, 근래 2~3년 사이 연달아 몇 차례 태풍이 휩쓸고 지난 뒤에도 그 자리에 까치집은 여전히 건재하다. 그들은 오래 전부터 집을 지어 살고 있는 것 같다. 이사한 지 거의 10년째인 우리보다 훨씬 선주민인 셈이다.

아침 일찍 일어나 베란다 문을 열면 내 눈 높이에 있는 까치집부터 살핀다.

지난해 가을 잎이 다 진 앙상한 가로수 가지 사이로 부지런히 나뭇가지를 물어 나르며 까치 두 마리가 부지런히 새집을 짓고 있었다. 처음에는 낡은 집 바로 위에 짓는 것 같더니, 나중에 보니 전에 있던 집과 새집이 하나로 합쳐져 있었다. 아마 새끼를 치려면 큰 집이 필요하겠거니 짐작하였다.

도시에 사는 새들 중에서도 나무 위에 집을 짓는 새는 그래도 좋은 환경을 점유한 새들이다. 빌딩숲으로 꽉 찬 도심에서는 전신주나 고압선 송전탑 위에 집을 짓기도 한다.

빈번한 정전사고가 예고도 없이 일어나면 누구보다도 산업체의 불편과 손해가 막심할 것이다. 잦은 정전사고에 대처하기 위하여 한국전력이 그 원인을 분석하고 조사해 보았더니 그 주범이 다름 아닌 전신주 위에 집을 짓는 까치떼들이더라고 한다. 한때 한국전력에서는 "전신주 위의 까치집 신고 바람"이라는 플래카드까지 내걸고 까치를 퇴치하는 데에 앞장섰었다.

자연을 사랑해야 하고 보호해야 한다고 주장하던 인간이, 인간으로서의 권위와 우월성을 포기하고 까치와 맞서서 싸우지 않을 수 없는 처지가 되었구나 생각하면 마음이 쓸쓸해진다.

그것은 비단 까치뿐이 아니다. 일본에서 까마귀를 길조로 여기지만 그들의 숫자가 너무 많다보니 환경을 깨끗이 가꾸는 데 큰 골칫거리가 되어서 한때 퇴치운동을 펴기도 했다 한다. 도시의 동물들은 인간의 삶이 달라지는 데 따라 그들의 사는 방식도 변경할 수밖에 없을 것이다. 그들은 인간에 길들여져서 사람들이 던져주는 먹이를 받아먹거나, 먹다 만 음식찌꺼기를 뒤져 먹고 살면서 타고난 야성을 점점 잃어가고 있다. 자동차에서 뿜어져 나오는 독한 매연에 익숙해져 있을 것이고, 소음에 찌들어 있을 것이다.

문득 김광섭 시인의 〈성북동 비둘기〉가 생각난다. 성북동 기슭의 옛 고향을 잃어버리고 채석장의 돌 깨는 소리에 놀라서 정처 없이 떠도는 평화의 새 비둘기.

서울에 사는 새들은 까치든 까마귀든 비둘기든 삶의 터전을 잃은 철거민이거나 실향민들이다. 그들은 우선 도시에 발붙이고 사느라 조금씩 퇴화하고 있다. 시골 새들처럼 두 날개를 활짝 펴고 시원스레 창공을 날아오르는 모습을 점차 잃어가고 있는 것이다. 특히 까치들은 여러 마리가 함께 떼 지어 생활하는 군집성도 없어서 늘 한두 마리가 제각기 따로따로 행동하는 모습을 보인다.

겨우 먹을 것이나 찾아 뒤뚱거리는 그들은 향촌을 떠나온 시니어들이 도시생활에 동화하지 못하고 거리를 방황하고 있는 모습과 같다. 나도 따지면 그 가운데 하나일 터.

서울 까치를 보면서 연민의 정을 느끼는 것도 동병상련同病相憐의 심정인지 모르겠다. 나는 지금 메타세쿼이아에 집을 짓는 까치를 보고 있지만, 까치는 지금 아파트 베란다에 갇혀 있는 나를 보고 있는 것이 아닐까.

꽃 이름을 외운다

꽃에 대한 기호도 연륜에 따라 변하는 것 같다.

10대에는 칸나를 좋아했었다. 칸나는 이글거리는 여름 하늘을 향하여 커다란 잎을 치맛자락처럼 펼치면서 거침없이 솟아오른다. 나는 남국의 열정을 불태우는 듯한 칸나 꽃봉오리의 무성한 생명력을 닮고 싶었나 보다.

20대에는 무작정 패랭이꽃을 좋아하였다. 패랭이꽃은 칸나처럼 크지도 않고 열정적 이미지도 지니지 않았다. 칸나와는 달리 아주 작은 꽃이지만 빛깔이 곱고 정교하며 선명하다. 풀숲에 숨어서 보일 듯 말 듯 피기 때문에 관심을 가지지 않은 사람들은 지나치기 쉽다.

패랭이꽃을 좋아하게 된 것은 내 자발적인 것이 아니라, 마음에 두고 있던 그녀가 좋아하는 꽃이 바로 패랭이꽃이었기 때문이었다. 그녀는 졸병으로 전방에서 고생하고 있던 내게 위문편지를 보낼 때마다 말미에 자기 이름을 쓰는 대신 패랭이꽃을 그려 보내곤 했다. 새까만 이등병으로 사역에 동원되고, 몇 주간씩 기동훈련을 하면서 야산에 피어난 패랭이꽃을 볼 때면 나는 마치 그녀를 대하는 듯 위안을 받고 힘을 얻었었다.

그러나 꽃에 대한 나의 취향은 패랭이꽃에만 계속 머물러 있지 않았다. 꽃은 뭐니뭐니 해도 장미가 으뜸이라 내세우기도 했고, 목련의 품위를 따를 만한 꽃은 없다고 생각하기도 했다.

요즘의 젊은이들은 어떤지 모르겠으나 우리 때는 곧잘, 어떤 문학작품을 좋아하느냐, 어떤 영화를 좋아하느냐, 꽃이나 음악, 계절에 대한 기호를 물어 어색하거나 따분한 분위기에서 대화의 실마리를 열곤 했다.

뚜렷한 이유 없이 그냥 좋아한다는 말은 하기 싫었을까? 이런저런 이유를 열거하면서, 마치 자신의 신조나 철학을 설파하듯이 옹호했고, 그 하나를 선택한 후에는 마치 신의를 지키고 지조를 지키듯 했었다.

그러나 요즘 내게 제일 좋아하는 꽃이 무엇이냐고 묻는다면 나는 어떤 하나의 이름을 얼른 대지 못하고 오래 망설일 것 같다.

나는 금년 들어 전에는 몰랐던 많은 꽃을 알게 되었다.

내가 지금까지 알아온 꽃의 몇 배나 되는 꽃과 그 이름들을 새로 익히고 그것을 열심히 복습하는 중이다. 지금 살고 있는 아파트가 지은 지 삼십 년이 넘었는데 거기 가꾸어진 꽃만 하여도 수십 종이고, 계절마다 바꾸어 피어나는 꽃들이 절정의 아름다움을 뽐내어서 예사로이 지나치기가 어렵다.

"이 꽃 이름이 뭐지?" 나는 거의 날마다 묻고,

"왜 이렇게 갑자기 꽃에 관심이 많아졌어요?", 혹은 "아직도 이 꽃 이름을 모르세요?"라며 의아해 하기도 하고 어이없어 하는 아내에게 내 심중을 다 설명하기가 어렵다.

세상에 태어난 생명들, 그 가운데서도 가장 아름답고 오묘하고 신비로운 꽃에 관하여 새로이 개안開眼하고 있는 중이랄까, 그것을 내게 보여주는 큰 섭리에 대한 은혜와 감사를 이제야 터득하고 있는 중이랄까.

죽단화, 톱풀꽃, 분홍바늘꽃, 인동초, 매발톱 같은 꽃 이름도 이제 알았지만 쥐똥나무, 아기똥풀, 개망초꽃, 달맞이꽃같이 흔한 꽃들도 요즈음에야 새로 알았다.

내가 그동안 살아오면서 스쳐 지나왔던 숱한 일들과 수많은 사람들, 그들은 혹은 아기똥풀 같고 혹은 쥐똥나무 같은, 혹은 개망초 같은 사람들이었는지도 모른다. 하나만을 고집하다가 수많은 가치를 놓쳐버린 듯한 느낌이 요즘에 와서야 드는 것은 무슨 까닭인가.

이것 아니면 저것이 아니라, 이것이 아니면 아무것도 아니라고 여겼던 젊은 날의 뜨거웠던 가슴이 식은 것인가, 아니면 이제야 참된 생명의 아름다움에 눈을 뜨고 있는 것이 아닌가.

아무리 어줍게 보이는 꽃도 찬찬히 들여다보면 은밀하고 정교한 아름다움을 지니고 있다. 화려한 양귀비에는 독이 숨어 있고, 아름다움의 표상인 장미에게는 가시가 있는 것처럼 하나가 좋다고 해서 모두 다 좋은 것은 아니다. 볼품이 없고 눈에 띄지 않아도 놀라운 미덕이 어느 귀퉁이엔가는 숨어 있다는 진리.

내가 그동안 집요하게 지키려고 노력하여 온 가치들이 오늘의 나로 키웠을 것이다. 그러나 그동안 살아오면서 무가치하다고 함부로 팽개쳐버린 일들, 섭섭하게 떠나보낸 사람들, 그들의 가치를 미처 몰랐던 어리석음을 돌이켜본다. 내가 이제야 알게 된 이름의 꽃들에게 미안하듯이 그들에게 미안하다.

삶은 언제나 일회성이다. 재수할 기회가 다시는 내 앞에 전개되지 않을 것이다. 설령 비슷한 경우가 올지라도 같은 장소 같은 시간은 아니니, 연륜과는 아무 상관없는 초보자일 수밖에 없다. 언제 다시 철이 들어 어엿한 어른으로 살아갈 성싶지가 않다.

느긋하게 살기

우리 집 위층에 금슬이 각별한 부부가 살았는데 통성명도 하지 못한 채 서로 가까워졌다. 엇비슷한 연배로 자주 만나다 보니 친근하게 된 것이다.

그들은 언제나 부부가 함께 다녔다. 바삐 걷는 걸음이 아니고, 서로 팔짱을 끼거나 손을 잡고 천천히 걸었다. 식후 산책길은 말할 것도 없고, 동네 공터에 마련된 임시시장을 둘러보거나 다른 일을 하러 다닐 때도 그들은 언제나 함께였다.

내가 헬스장에서 운동을 마치고 돌아오는 시간과 그들이 산책을 나가는 시간이 비슷해서 우리는 약속이라도 한 것처럼 자주 마주쳤다.

나는 그들 부부가 부럽기도 하고 한편으로는 부끄럽기도

했다.

내가 그들처럼 그렇게 살지 못하고 있기 때문이다. 같이 걷는 것쯤이야 뭐 그리 어려운 일이냐고 할지 모르지만, 내겐 정말 어려운 일이다.

결혼하기 전에는 온 정신을 기울여 보폭을 줄이고 발걸음을 제법 맞추었으니 큰 문제가 없었다. 그런데 결혼 이후 언제부터인지 내 본래의 걸음걸이 습관이 도진 것이다.

나는 길을 걸을 때 주변에 무슨 일이 일어나고 있는지 별로 신경을 쓰지 않는다. 가고자 하는 곳을 향하여 일직선으로 걷는 것만도 바쁘다. 특별한 일이 없는 한 일정한 보폭과 속도로 걷기 때문에, 학생들이 '인민군 졸병'이라는 별명을 붙이기도 하였다. 요즈음은 그 정도는 아니지만, 나이보다 걸음걸이가 힘차게 보인다는 말은 듣는다.

나 혼자 걸을 때는 아무런 탈이 없으나 아내와 함께 걸을 때는 이것이 심각한 문제를 일으킨다. 짧은 거리는 모르지만 좀 긴 거리를 걸을 때면, 점점 간격이 벌어지게 되는 것이다.

가다가 기다려서 걷곤 하지만 깜박 잊어버리는 경우도 생긴다. 혼자 멀리 앞서가는 내 뒤를 기를 쓰고 따라 걷기가 싫다며 아내가 되돌아서 집으로 가버린 적도 몇 번 있었다.

"길도 함께 걷지 못하면서 인생을 어떻게 함께 살 수 있느냐."는 핀잔까지 들을 지경이다. 그러므로 언제나 서로 다정하게 걷고 있는 그 부부가 부럽고 부끄러웠던 것이다. 그런데 어느 날, 부인을 대동하지 않고 혼자 걷고 있는 남편과 만났다. 서로 이런저런 얘기를 하다가 그가 대뜸,

"사실은 제가 파킨슨병을 앓고 있거든요."

하는 것이었다. 파킨슨병이라면 뇌신경 장애와 관련된 병이 아닌가? 나는 그 말에 무슨 말을 어떻게 해야 할지 몰라 멍하니 서 있을 수밖에 없었다. 황당한 그 상황을 덮으려고 오히려 장황하게 얼버무렸다.

요즈음은 의료기술이 발달하여 치료 가능한 약제들이 개발되고 있으며, 과거처럼 치료 불가능한 병이 아니라고, 병의 진행 속도를 충분히 늦출 수가 있으니 낙심하지 말라고, 부디 그렇게 되기를 바라는 마음으로 말했다.

그들은 물론 금슬이 좋아서 날마다 함께 걸었을 것이다. 그러나 얼마 남지 않은 이별의 날을 생각하면서 더 애틋한 마음으로 동행했을 것이다. 불편해 보일 정도로 비만한 부인을 대동하고 천천히 걷던 위층 남자. 치매를 앓고 있는 남편을 따라 무거운 몸으로 산책길을 따라 나서던 위층 여자.

그가 어느 대학병원에서 머리 수술을 한 후에 요양병원에 입원하고 있다는 말, 내외가 함께 딸이 사는 대전으로 가서 지낸다는 말을 들었다. 그런데 엊그제 위층 부인으로

부터 남편이 세상을 떴다는 전화를 받았다. 우리는 그가 별세한 지 한 달이나 지난 후에야 그 소식을 들었던 것이다.

바로 위층, 가까운 이웃인데도 우리가 이렇게 무심할 수밖에 없었던 것이 미안하고, 허탈하고, 그리고 쓸쓸하였다.

천천히 생각하면서 혹은 대화하면서 걷는 일, 그것은 둘 중 하나가 먼저 떠나기 때문에 해야 하는 일은 아니다. 그게 내 성격과 맞지 않아서 못한다고 하는 것도 건강한 정신의 징후는 아닐 것이다. 정신은 조급하지 않은 산책을 통하여 가장 신선해지고 활발해진다고 하지 않던가.

독일에 철학자들이 많은 것은 울창한 숲이 많기 때문이며, 많은 사람들이 그 숲을 오래도록 산책했기 때문이라고 한 글을 읽은 적이 있다. 혼자 바쁜 듯이 씽씽 앞서 걷노라면 정신 또한 촉박하고 다급해질 것이다. 그리고 다급함 속에 유연하고 탄력 있는 생각은 나오지 않을 것이다.

고속도로가 처음 뚫렸을 때 도로변에는 이런 표어가 크게 씌어 있었다.

"5분 빨리 가려다가 50년 빨리 간다."

음미할수록 끔찍한 말이다. 내가 아무리 빨리 걸어도 5분 이상 먼저 도착하지는 못할 것이다. 그리고 두 사람이 함께해야 할 일이라면 그 중 한 사람이 먼저 도착해도 아무 소용이 없을 것이다. 맹목적으로 앞만 보고 빨리 걷는 버릇은 고쳐야 할 것 같다.

그러나 내가 앞으로 천천히 걸을 수 있을까? 너무 오랜 동안 길들여진 버릇이라 자신은 없다.

예사롭지 않은 목숨

헬스클럽 맞은편에 자작나무 한 그루가 서 있다. 처음에는 그게 자작나무인지도 몰랐다. 그 나무는 자세히 들여다보지 않으면 쉽사리 눈에 띄지 않을 곳, 나무를 심기도 적절하지 않고 자라기는 더구나 어려운 곳에 귀양살이를 하고 있는 것처럼 자라고 있다.

심은 지 몇 년이나 되었는지는 알 수 없지만 5층과 5층 건물 사이, 겨우 1미터 남짓 될까 말까 한 귀퉁이, 햇볕도 잘 들지 않는 곳에서 목숨을 이어가고 있다. 애당초 어떤 연유로 그 자리에 서 있게 되었는지, 그 나무를 볼 때마다 나는 깊은 연민에 빠진다.

러시아에 갔을 때 거대한 자작나무의 숲을 처음 보았다. 마음껏 두 팔을 쳐들어 장관을 이룬 숲을 보면서 러시아의 문학이나 러시아의 음악은 자작나무 숲이 배경을 이루고 있다는 생각이 들었다. 시베리아의 끝없이 이어진 자작나무 숲에서는 장엄한 미사곡이 들리는 듯하고, 하얀 나뭇결은 고결한 혈통을 자랑하는 것처럼 보였다.

그런데 우리 동네 골목의 그 나무는 이름만 자작나무일 뿐, 공해에 찌든 서울 한복판에서 겨우 생명을 부지해 가고 있다. 좋은 환경에선 20여 미터도 넘게 자란다는 이 나무, 자꾸 위로만 솟아오르는 것이 귀찮았는지 보기 흉했는지 어느 날, 몸통 중간쯤을 싹둑 잘라버린 것을 보고 깜짝 놀랐다. 그러나 나무는 죽지도 않고 가지를 여기저기 내뻗으며 더욱 강한 생명력으로 버티고 있어 볼 때마다 고맙기도 하고 민망하기도 하다.

금년 봄에, '호두나무 농장'이라 부르기로 한 조그마한 밭둑에 배롱나무 한 그루를 심었다. 원래 논이었던 곳을 메워 밭으로 형질변경을 하였기 때문에 나무 심기에 좋은 조건은 아니지만, 여름에 꽃을 볼 수 있다는 화원 주인의 말을 믿었다. 파릇파릇 순이 돋아나는 배롱나무 잎을 날마다 들여다보는 것이 즐겁다. 그러나 이 자갈밭에서 잘 견뎌줄까? 배롱나무가 겪고 있을 고통이 헬스클럽 앞 골목의 가엾은 그 자작나무와 다를 게 없겠다는 생각이 문득 떠오른다.

지난 주 경주에 가서 양남면 주상절리 바닷길 바윗등에 서 있는 몇 십 년은 됐음직한 소나무를 보았다. 바위틈에 뿌리를 뻗고 늘어뜨린 가지들이 위태롭게도 보였지만 아주 운치가 있었다. 그런데 그 소나무 가지며 뿌리 위에는 누가 얹어놓았는지 올망졸망한 조약돌들이 수없이 놓여 있었다.

거센 해풍에 제 몸 하나 지탱하기도 힘들게 보이는 나무, 그러나 그런대로 제 모습을 지키고 있는 저 소나무에게 과객들은 오로지 자기감정에만 도취되어 나무가 겪는 고통 같은 것은 생각지도 않고 마음 내키는 대로 장난삼아 그런 짓을 했을 것이다.

제가 자랄 곳을 스스로 선택할 수 없는 나무. 그 씨앗이 바람에 날려 어느 곳에 뿌려지든지, 인력에 의해 어느 곳에 옮겨지든지 머무른 그 자리를 감수해야 하는 나무. 주어진 환경에 순응하거나 또는 저항하면서 제 목숨을 이어가야 하는 것이 그의 숙명이다. 생각하면 우리도 나무와 별로 다를 바가 없다.

자연의 순리와 이법 가운데 절대자의 불가해하고 오묘한 뜻이 잠재되어 있으리라 생각하며 현실을 받아들이는 사람들. 여기에 변칙과 가해가 있다면 우리 삶의 모습은 얼마나 처참하게 일그러질 것인가.

어떤 목숨도 예사로 그냥 거기 있는 것은 아니다.

태산목으로 남은 사람

이 나무를 내가 처음 본 것은 조선대학교 중앙현관 입구에서였다. 생육상태가 별로 좋아 보이지 않는 고목에 영양을 보충하느라 링거 병이 얼기설기 매달려 있었다. 잎이 크고 단단해 보이는 것이 예사로운 나무 같지 않았고, 지극정성으로 돌봄을 받고 있는 품으로 보아 무슨 사연이 있지 않을까 싶었다.

나중에 알게 된 사실은 대학 설립자가 애지중지하는 태산목인데 수령이 족히 고희는 넘었으리라고 했다. 내가 정년퇴임할 때까지도 살아있었으니 그 나무가 지금까지도 죽지 않았다면 아마 백수는 좋이 넘었을 것이다.

지난 6월 중순경 천리포수목원에서 장수처럼 우람하고 청청한 태산목을 만났다. 무성한 잎사귀를 무수히 안고 있는 가지들이 완만한 원뿔형을 이루고 창공을 향하여 거침없이 자라고 있었는데, 어른 손바닥 서너 개를 합쳐놓은 듯이 크고 하얀 꽃송이도 피어 있었다.

태산목이라는 그 이름만으로 나는 꽃나무는 아니리라고 짐작하고 있었는데 진한 향내를 내뿜는 꽃까지 피운 그 장대한 모습이 대견스럽고 믿음직스러웠다. 그런데 더 특별한 것은 그 나무 아래에 '민병갈 박사의 나무'라는 조그마한 표지판이 놓여 있는 것이었다.

안내인의 말인즉 천리포 수목원의 창립자인 민 박사가 돌아가신 후 한국식 묘지를 썼는데 그분의 유지 "내가 죽거든 묘를 쓰지 말라. 묘 쓸 자리에 나무 한 그루라도 더 심어라."에 어긋나는 일이어서 태산목 아래로 옮겨 수목장을 했다는 것이었다.

그 이름에서 유추되는 이미지에 조금도 어긋나지 않은 이 나무와의 해후를 나는 천리포 수목원을 산책하는 내내 반추하고 있었다. 언젠가 들은 것 같기도 한 민 박사의 생애를 그가 조성한 수목원에 와서 생생히 접할 수 있게 되어 반가웠다.

그는 1945년 미 해군 장교로 한국에 왔다가 전역한 후 미군정청 정책고문관으로 다시 왔는데 한국은행에 취업하여 퇴직할 때까지 유난히 한옥생활을 즐겼다고 한다. 그가 1962년 천리포 해변의 모래 둔덕 땅 3천여 평을 산 것이 그 생애의 전환점이 된 것이다. 과년한 여식 혼비 마련 때문에 팔아야 한다는 어느 촌로의 간절한 호소를 듣고 저지른 일이었다.

이것을 시작으로 민둥산과 황폐한 들 18만 평을 사서 수목원을 조성하기 시작한 것이 1970년 그의 나이 50세 때의 일이다.

강력하게 반대하는 어머니를 3년 동안 설득하여 한국에 귀화한 후 이곳 입지에 적합한 식물을 선택하여 우리나라에서 가장 많은 15.600 종류의 초목이 어우러진 아름다운 정원 풍경의 수목원을 조성하였다.

특히 다국간 종자 교환 프로그램인 인덱스 세미넘(Index Seminum)에 가입하여 활용함으로써 식물 도입 비용을 절감하였고, 그동안 국제 수목학회 등 여러 국제행사를 유치하여 이제는 해외에도 널리 알려진 유명한 수목원으로 정착되었다. 그가 2002년에 타계하였으니, 82년간의 생애 중 60여 년을 한국 땅에서 홀로 살면서 이룬 수목원이다. 그는 공익법인 재단으로 수목원을 우리에게 남겨주고 한국 땅에 뼈를 묻었다.

6월의 훈풍을 타고 온갖 화초들이 어우러져 뿜어내는 짙은 향기는 무엇이라 형언할 수 없는 몽환의 세계를 펼쳐주는 듯하였다. 가지가지 형태와 색채와 향기를 띠고 있는 화초들, 줄기가 곧고 굵으며 수십 미터나 높이 자란 나무로부터 땅바닥에 엎드려 자라는 나무에 이르기까지, 한국 토종 나무는 물론, 세계 각지에서 입양해온 나무들까지 이루 헤아리기 어려울 만큼 많은 종류의 수목들이 있는 곳. 그 모든 초목들은 마치 제 생태지에서 제 성품대로 자라고 있는 듯이 조화롭고 아름다우며 기세 좋게 성장하고 있었다.

20대의 미국 청년 Miller 씨가 한국의 무엇에 이끌려 그 인생의 모든 것을 이 나라 땅에 오롯이 바치고 가게 되었는지 모르겠다. 다만 그가 남긴 수목원을 통하여 느끼고 헤아릴 수밖에 없으니 유방백세流芳百世라는 교훈을 떠올리게 된다. 그가 남긴 향기 그가 지녔던 향내는 앞으로도 영원히 남아 한국인의 마음속을 적셔줄 것이다. 이제 20대의 청년 같은 '민병갈 박사의 나무'는 몇 백, 몇 천 년의 수를 누릴 수 있으리라.

하루 세끼

요즈음 들어 부쩍 늘어난 거리의 간판 가운데 대표적인 것은 아마 '비만 클리닉'일 것이다. 대부분의 양방 병원이나 의원들은 물론 한방 의원들에서도 비만 클리닉을 크게 내세우며 고객을 부르고 있다. 그만큼 비만 환자(?)들이 우리 사회에 많다는 반증이라고 하겠다.

한글사전에서는 비만의 뜻을 "몸에 기름기가 많아 뚱뚱함" 또는 "살지고 뚱뚱함"이라 풀이하고 있다. 기름기가 많다는 풀이는 약간의 어폐가 있는 것 같고, '살이 너무 많이 쪄서 뚱뚱하다.'는 정도의 풀이가 더 온당할 것 같다.

어떻든 비만은 우리나라에서는 물론 다른 나라에서도 현대의 큰 관심사 중의 하나가 되고 있음에 틀림없다. 어떤 나라에서는 비만 유발 음식에 특별세를 부과한다든지, 학생들이 쉽게 사먹을 수 없도록 판매 지역을 제한하는 등의 정책을 시행하고 있다. 이젠 비만이 개인적인 문제에 그치지 않고 사회적인 문제로 부상하고 있다.

우리나라는 아직 비만으로 걱정할 정도는 아니고, 미국이나 캐나다 같은 서방 선진국에 해당되는 일일 거라 생각하고 있는 사람들이 아마 대다수일 것이다.

그러나 최근의 신문기사에 의하면 1년에 지출되는 비만 관련 비용이 1조 8천억 원에 이른다고 한다. 국민건강보험공단의 통계에도 우리 국민의 31.7%가 비만으로 드러나 있다.

세 사람 중 한 사람은 비만증에 걸려 있다는 것이다. 어린애들의 비만지수도 날로 늘어나고 있으며, 그에 따라 유아 당뇨병, 고혈압 환자들이 증가되고 있다니 걱정스러운 일이다.

몇십 년 전까지만 해도 살찐 사람은 선망의 대상이었다. 소위 '사장 배'라 하여 아랫배가 불룩하게 나온 사람은 돈 많은 부자로 인식되었고, 살진 '달덩이 같은 얼굴'을 지닌 처녀는 복 많은 신부감으로 선호되었다.

나는 아직도 '살로 간다.'는 말에 일종의 친근감을 느낀다. 내게 있어 '살로 간다.'는 말의 개념은 '살찌게 하다.'는 의미보다 '몸에 유익하다.'는 개념으로 각인되어 있다. 유년 시절 우리 외할머니는 귀한 음식이 생기면 당신은 잡숫지 않고 챙겨두었다가 나를 먹이시면서 "살로 간단다. 많이 먹어라." 하고 강권하셨다. 가난하였던 그 시절에는 배곯지 않고 사는 것이 가장 큰 행복이었고, 살찌게 하는 기름진 음식은 설이나 추석 같은 명절 때나 맛볼 수 있었다.

그러나 아직도 소수의 가난한 나라 사람들에게 비만이란 고민은 당치 않는 일일 것이다. 최근에 개봉된 영화 〈크로싱(Crossing)〉에서 북한 동포들의 참상은 이루 다 말할 수 없었다. 탈북자들의 말에 의하면, 영화에 반영된 것보다 실제 생활상은 몇 배나 더 참혹하다니, 우리가 지금 비만타령을 하고 있는 것이 얼마나 죄스러운 일인지 모르겠다. 영화의 주인공이 "하나님은 왜 남조선에만 있고 북한에는 없는가?"라고 울부짖던 말이 아직도 내 귓속을 맴돌고 있는 듯하다.

비만은 체내에 잉여 영양이 축적되어 생기는 현상이지만, 그렇다고 반드시 음식을 많이 섭취해서 유발되는 것은 아니라고 한다. 체질상으로 물만 먹어도 살이 찌는 사람도 있다니 말이다.

우리 가족 중에도 다이어트에 돌입한 사람이 있다. 적당이 살이 쪄야 후덕해 보이기도 하고 매력도 있어 보인다고 해도 믿지 않는 눈치다. 체중이 많이 나가도 건강하기만 하면 괜찮은 일이지만, 비만으로 인한 부작용이 하나둘 드러나고 있다면 문제이다. 체중이 많아지면서 혈압도 높아지고 고지혈증까지 생긴다면 방심하기는 어려울 것이다.

다이어트를 해도 체중을 줄이는 일은 그리 쉽지 않은가 보다. 처음에는 좀 줄어드는가 싶다가도 나중에는 몇 달 동안 붙박이처럼 꿈쩍도 않는다고 비명이다. 1kg 줄이는 데는 3달이 걸려도 한두 끼만 잘 먹으면 바로 2-3kg이 늘어난다고 한다.

하루 세끼의 식사를 두 끼로 줄이고, 그 두 끼도 감자나 옥수수 또는 고구마 하나로 때우는 등 치열한 투쟁을 감행하는 동안 곤란한 것은 나다. 같은 식탁에서 한 사람은 조그만 감자 하나로 끼니를 때우는데, 한 사람은 밥과 반찬을 늘어놓고 먹고 있는 모양이 도무지 조화롭지 못한 풍경인 것이다. 한 사람은 배고픈 소크라테스요, 또 한 사람은 배부른 돼지니 말이다.

이젠 나도 비상수단을 써야 할 것인가. 덩달아 그와 함께 고구마나 감자 하나로 한 끼를 때우는 식사를 해야 한단 말인가. 그러나 아무리 생각해 봐도 나는 자신이 없다. 매일 내가 소모하고 있는 에너지를 감안해 볼 때 그건 분명 균형에 맞지 않는, 지속 불가능한 식생활 패턴이기 때문이다..

나는 지금 위기에 몰리고 있다. 머잖아 하루 세 끼는커녕 한두 끼도 제대로 대접받을 수 없는 날이 다가올지도 모른다. 시체 우스갯소리로 '일식씨'는 못될지라도 '삼식이 새끼'

만은 면해야 할 텐데, 이 위기를 슬기롭게 벗어날 방법은 없을 것인가?

자살과 타살 사이

몇 주일 전에 영화 〈은어銀魚〉의 시사회에 갔었다.

장흥댐 건설로 실향민이 된 사람들이 뿌리 없는 초목처럼 떠도는 얘기, 더러는 적응하기도 하고 더러는 실패를 거듭하면서 방황하는 사람들, 고향땅을 차마 멀리 떠나지 못하는 주민들의 쇠락한 모습이 화면에 잔잔하게 흐르고 있었다.

영화의 소재는 최근 우리 생활 주변에서 흔히 볼 수 있는 것이지만 삶에 대한 연민과 사랑을 따뜻한 시선으로 해석했다는 점에서 긍정할 만한 작품이었다.

특히 인터넷 자살사이트에서 만나 집단자살을 도모하는, 실패한 군상들의 스토리가 흥미 있게 전개되고 있어서 영화의 단조로움을 극복해 주었다.

내가 여기서 특정한 영화를 소개하고 평가하려는 것은 아니다. 근래 들어 사회적 문제로 떠오르고 있는 자살 문제를 걱정하고 있는 것이다.

1960~70년대 우리가 가난하고 배고플 때, 세계일류 복지국가라고 이름이 났던 스웨덴의 자살률이 세계 최고라는 말을 듣고 의아했었다.

그 풍요롭고 살기 좋은 나라에서 왜 스스로 목숨을 끊는 사람들이 있단 말인가? 당시의 내 소견으로는 도무지 이해할 수 없는 사항이었다.

그러나 그로부터 사반세기가 못 된 지금, 그때보다 더 심각한 현상들이 우리 한국 땅에서 벌어지고 있다. 경제협력개발기구(OECD) 국가들 중 우리나라가 자살률 1위라는 불명예를 안은 지 벌써 몇 년이 되었다. 놀라운 사실은 이 불명예의 수위가 계속 상승되고 있는데 반하여 다른 선진국들에서는 점차 하강되고 있다는 사실이다. 신문 보도에 의하면 지난해 우리나라 자살자가 매일 42.6명이나 된다고 하는데 그것은 OECD 국가 평균의 2.5배에 해당된다. 왜 집단자살을 꾀하고 있는지, 무엇 때문에 매일 40여 명의 아까운 목숨들이 시시각각 스러져 가야 하는지 안타까운 일이다.

모 유명 연예인이 목을 매어 죽은 후 그 뒤를 따라 세상을 떠난 사람들의 수가 기하급수적으로 늘었고, 그 외에도 비슷한 방법으로 목숨을 처리한 사람들이 계속 늘어나고 있다. 며칠 전 인터넷 자살사이트를 통해 동반자살을 도모한 남녀 6명이 극적으로 구조되었다. 자신만 따돌렸다며 함께 어울리던 20대 남성이 홧김에 신고한 덕분이었다.

얼마 전 KAIST 학생들의 연이은 죽음이 우리의 마음을 얼마나 아프게 하였던가.

어느 목숨인들 소중하지 않을까마는 촉망받는 영재들의 죽음은 더 아깝고 안타깝고 슬프다. 그들은 국가의 보호를 받아야 할 보화요 큰 자산이다. 큰 뜻을 미처 펴보지도 못한 채 스스로 목숨을 끊고 있는데 사회와 국가는 방관만 하고 있는 꼴이 되었다. 그들은 스스로 죽음을 택했다고 하지만 깊이 생각해 보면 우리 모두가 그들을 죽음의 길로 인도하지 않았는가 자성해야 할 것이다.

카이스트 박사과정을 졸업하고서도 다른 삶의 길을 선택하여 활동하고 있는 한 청년에게 '카이스트 학생들의 자살 이유가 무엇인가.' 물은 적이 있다. 그는 잠시 머뭇거리다가 '부적응'이라고 대답했다. 즉 개개인이 달라진 환경에 순응해 가는 데 실패한 때문이라는 것이다.

수재, 영재, 천재라고 불리던 학생들이 집단으로 모였을 때 그들이 겪는 스트레스와 상대적인 열등감은 우리가 상상할 수 없을 만큼 크다고 하였다. 카이스트는 근자에 큰 몸살을 앓고 있다. S총장이 부임한 뒤 뒤떨어진 대학의 위상을 높이기 위해 과감한 시책들을 실행하고 있는 것으로 알려졌다. 종신보장교수의 자격요건을 강화하고, 명망 있는 외국인 교수들을 초빙하며, 교육 및 연구 환경을 개선하는 데 진력하는 한편, 학생들에게도 상응하는 대가와 노력을 강요한 것이다.

예를 들면 징벌적 등록금제도가 그것이다. 카이스트의 학점은 엄격하고 짜기로 소문이 나 있는데, 난생처음 받아보는 성적표의 숫자가 그들을 절망의 늪으로 몰아넣었을 것이다. 경쟁사회에서 약자는 희생되기 마련이다. 소수의 약자들을 도태시켜서라도 강한 다수를 만들어야 한다는 것이 경쟁의 논리이기 때문이다.

누구에게도 호소할 수 없는 자조와 외로움과 절대고독 속에서, 마치 폭풍 가운데 키를 잃은 배처럼 방황했을 것이다. 그러다가 어찌할 수 없어 죽음을 결행했을 것이다. 절체절명의 현실장벽을 제 힘으로 넘어설 수 없을 때 구원의 손길을 얼마나 애타게 원하였을까?

학교의 분위기가 날로 거칠어지고 아득해지면서 교수는 교수들대로, 학생은 학생들대로 자기가 우선 살아남기 위하여 남을 이겨내야 하는 무한경쟁의 소용돌이로 변해간 것이다.

이것은 카이스트에만 한하는 현실이 아니다. 우리 한국사회는 개방과 경쟁의 논리 속에서 발전해오고 있다. 행복하게 잘살자고 밤낮없이 일하며 연구하고 돈 벌어서 이제

살 만하게 되었다. 그럼 과거보다 더 행복하게 잘살고 있는지 반성할 일이다.

현실이 이런데도 마치 강 건너 불구경하듯 오불관언하면서 언제까지 '나와 무슨 상관이냐'고 외면하는 것이 옳은 일인지 모르겠다.

우리는 아직도 자살을 심리적 고통이나 불안 때문에 발생하는 개인적인 문제로 치부한다. 심지어는 죄악으로 몰아버리는 경향도 있다. 그러나 그 원인을 개인의 책임으로만 돌려놓고 수수방관해도 되는가.

이제 우리는 자살을 국가적 문제로 인식하고 그 해결책을 모색하지 않으면 안 된다. 자살은 지금 사회적 타살이 되어가고 있다.

향기는 미풍에

바깥 날씨는 아직 영하를 맴돌고 있지만, 남향받이 베란다에서는 몇 가지 화초들이 계속 꽃을 피워내고 있다.

정원도 아니고 꽃밭도 아닌 좁은 베란다에 무엇을 마음껏 가꿀 수는 없다. 한해살이 꽃만 기른다든지, 다년생 꽃나무만 가꾸는 것도 아니다. 어떤 선택의 기준도 없이 되는 대로 모아놓은 잡다한 고샅이라고나 해야 할까, 소시민이 모여 사는 수더분한 동네와 같다.

그들의 출처나 본향을 모르는 것은 물론이고, 어떤 것은 여러 해 지나도록 이름조차 모르지만 늘 대하는 모습들이 반갑고 정겹다. 양란 화분에 담겼던 삼나무 껍질 속에, 잡초처럼 촉을 내미는 것이 있기에 따로 옮겨 길렀더니 한 촉은 칸나로 성장하고, 다른 촉은 토란잎보다 더 넓고 큰 잎을 뻗어내고 있는데 아직은 그게 무슨 화초인지 모르겠다. 다행히 사철 햇볕만은 풍성하므로 물만 때 맞춰 주면 된다.

한여름 7월의 꽃이라는 제라늄까지 겨우내 끊임없이 꽃을 피우더니 봄이 되자 더욱 기승을 부린다. 베란다가 좁아서 더 이상 자라지 못하도록 억제하고 싶은 충동을 느낀다.

소심란은 잎사귀 틈에 숨겼던 꽃대를 갑자기 쑤욱 네 개나 내밀더니 다투어 꽃을 피워내고, 그에 뒤질세라 함소화 꽃봉오리도 하루가 다르게 벙글대며 커지다가 드디어 꽃망울을 터뜨리며 짙은 향내를 뿜어내고 있다. 함소화는 3년 전 양재동 꽃시장에 다른 일로 갔다가 엉겁결에 사다 심은 것이다. 외양은 동백나무 같은데 마디가 더디 자라고 꽃 모양은 볼품이 없으나 향기만은 일품이다.

난의 향기는 은은하고 깊어서 고결한 기품을 느끼게 하는데 반해, 함소화의 향기는 강렬하고 달콤하여 숨이 막힐 것 같다. 「정읍사」를 읊조리며 지아비의 무사 귀환을 빌던 한국 전통 여인의 기품을 지니고 있는 것이 난향이라면, 정열적 탱고 리듬에 취한 서양 무희의 열정을 품고 있는 것이 함소화 향이 아닐까. 서로 다른 이 두 향기가 거실로 퍼지면서 기묘한 조화로 어우러지고 있다.

그러나 모든 식물이 향을 지니고 있는 것은 아니다. 아무런 향내가 없는 꽃들도 있고, 꽃은 좋아도 냄새가 특이한

제라늄 같은 꽃도 있다. 어느 누구나 제각기 자기 나름의 향기를 지니고 있을 것이다. 찔레꽃이나 라일락처럼 싱싱하고 생기 넘치는 성품을 지닌 사람이 있는가 하면, 동백꽃이나 유채꽃같이 은근한 인격을 지닌 사람도 있을 것이다.

나에게도 혹시 향기라고 불릴 만한 것이 있다면 어떤 종류의 것일까? 바라기는 소심란 같은 향이라면 좋겠지만 어찌 스스로 그걸 바라겠는가. 향은커녕 역겨운 냄새가 날 수도 있을 것이다. 차라리 무색무취무미의 미풍 같은 것이었으면 좋겠다. 미풍은 스스로 향기를 내지 못해도 향기를 일으키고 나르는 일을 하지 않는가.

조계산 오솔길

나는 가끔 조계산의 오솔길을 걷기 좋아한다. 짬이 날 때면 거의 한 해도 거르지 않고 찾았던 길이다. 여러 해를 두고 다녀도 그때마다 새롭고 안온한 느낌을 받곤 한다.

어느 해인가, 산을 주제로 다루던 잡지에서 한국에서 아름답기로 정평이 난 오솔길 몇 군데를 골랐는데 그 가운데에 조계산 오솔길도 뽑혔다.

조계산은 전남 순천시 승주읍과 송광면에 자리하고 있는 나지막한 산이다. 최고봉이라야 884m밖에 되지 않지만, 동쪽 산기슭에는 태고종의 수행도량인 선암사가 있고, 서쪽 산자락에는 조계종의 중흥도량으로 유명한 송광사가 있다.

광주에서 이른 아침에 선암사행 버스를 타면 약 한 시간여 걸려 사찰 입구에 도착할 수 있다. 선암사 입구에서 굴

목재와 마당재를 거쳐 송광사에 이르는 코스는 걷기에 알맞은 길이다. 물론 한두 군데 급한 경사길이 있어서 평소 산을 타보지 않은 사람은 힘들다 할 수도 있지만, 평탄한 길만 이어지는 것보다 약간의 굴곡이 있어서 더욱 좋다.

내가 이 길을 좋아하게 된 것은 단순히 산행만 하는 코스가 아니라는 데 있다. 송광사에서 선암사로 가거나, 선암사에서 송광사로 가거나 산행의 시작과 끝머리에서 보너스처럼 이름 있는 고찰을 구경하는 즐거움을 누릴 수가 있기 때문이다.

선암사는 태고종의 대표적 사찰이다. 그동안 이런저런 문제로 분규가 있었으나, 어쩌다 길손으로 찾는 사람에게 사찰내의 분규는 큰 관심거리가 못된다. 이 절은 규모가 크거나 웅장하지 않고 아담한 느낌을 준다. 특히 고색창연한 건물들이 오밀조밀 예스러운 분위기를 조성해주고, 찾는 이들이 그리 많지 않아 천 년 전의 정적을 오롯이 지니고 있는 듯하다.

햇볕이 드는 빈 땅에는 예외 없이 화단이 조성되어 있고, 이름 모를 수많은 화초들이 다투어 피고진다. 수행하는 학승들의 정성인지 어느 것 하나 그 자리에 어울리지 않는 것은 볼 수가 없다.

선암사의 시간은 정지되어 있는 것 같다. 몇 년 전이나 몇 년 후나 별로 달라진 것을 볼 수가 없다. 철 따라 변하는 주위 경관을 염두에 두지 않는다면, 선암사에서는 세월의 흐름을 망각하기 쉽다. 고즈넉한 이 절의 분위기에 젖어 세상의 인연과 갈등과 번뇌로부터 벗어나 때로는 자신조차 잊어버릴 수가 있다. 번거로운 일상의 일에 지친 사람들은 이곳에 며칠만 머물러도 새 힘을 얻어갈 수 있을 것 같다.

송광사로 가는 길은 크고 작은 수목들로 터널을 이루고 있다. 조계산은 오지랖이 넓어서인지 계곡의 물이 언제나 풍성하다. 오솔길을 걷는 동안 내내 산골 물 흐르는 소리가 이름 모를 새들의 지저귀는 소리와 더불어 아름다운 해조음諧調音을 이룬다. 계절 따라 피어난 이름 모를 꽃들은 제 향내를 내뿜고, 온갖 수목들이 쏟아내는 생명의 기운으로 조계산의 숨소리는 육중하게 다가온다.

이른 봄이면 취나물도 많고, 오월쯤이면 송홧가루가 뻐꾹새 울음소리에 얹혀 천지사방으로 흩어진다.

빠르게 걸으면 두어 시간, 천천히 걸으면 서너 시간의 산길 중간쯤에 길손의 허기를 채워줄 보리밥집이 있다. 나는 이 보리밥집을 좋아한다. 조계산 오솔길을 걸으면서 속이 차츰 출출해지고 다리가 팍팍해질 때쯤이면 보리밥집이 멀지 않았음을 느끼게 된다. 청정한 산 공기와 물을 먹고 자란 채소 보리밥 쌈맛은 산길에 허출해진 식욕을 만족시킬 만하다.

어느 해 늦봄이었을까. 아내와 함께 산나물을 캐면서 쉬엄쉬엄 걷다보니 오후 늦게 송광사 뒷길에 이르렀는데 마침 저녁 공양 종소리가 들려왔다. 줄서서 기다리는 보살들 틈에 끼여 이른 저녁밥을 송광사에서 때우고 한가로이 버스정류소에 이르렀더니 광주행 막차가 떠나고 없었다.

망연자실하고 있다가 광주로 가는 승용차에 편승하여 편히 돌아왔던 일이 잊히지 않는다. 송광사에서 저녁공양을 함께 한 부부인데 우리가 버스를 놓친 걸 알고, 자기들이 우리를 오히려 권면하여 태워준 사람들. 광주에 도착하여 차라도 한잔하자고 하였지만 바쁘다고 한사코 사양하였다.

조계산을 생각할 때마다 고마운 그 사람들이 함께 떠오른다.

쓴맛 단맛

나는 유소년 시절부터 몸이 매우 허약했다. 명절 뒤끝에는 늘 배앓이를 하거나 체해서 고생하곤 했다. 어느 때는 입맛을 잃고 여러 날 음식을 먹지 못한 적도 있었다. 손쉽게 약을 구할 수도 없었던 그 시대, 새벽이슬 먹은 약쑥이나 익모초 즙을 어른들의 강권으로 어쩔 수 없이 마시기도 했다. 진저리를 칠 정도로 쓰디쓴 그 생즙을 마시고 나면, 차츰 입맛을 되찾고 소화력을 회복할 수 있었다.

우리 전통음식에는 쓴맛을 지닌 나물들이 유난히 많다. 고들빼기, 민들레, 씀바귀, 머위, 신냉이 등등.

어떤 나물은 막 돋아나는 어린 순을 그대로, 어떤 것은 줄기나 잎을 더운 물에 살짝 데쳐서, 어떤 것은 삶은 후 물에 오래 담가두었다가 먹기도 한다. 이러한 조리법들은 지극히 과학적인 것으로 오랜 세월을 거치는 동안의 체험과 지혜의 산물일 것이다. 근래에 쓴 나물들이 함유하고 있는 성분 중에는 항암제의 효능을 지니고 있는 것들이 많다는 사실이 드러났다.

나는 지금도 건강에 자신이 없어서 늘 조심하는 편이지만 큰 불편 없이 이만큼이라도 지내고 있는 것은 서구적인 음식보다 토종 음식을 좋아하기 때문인지 모르겠다.

쓴 나물을 즐겨 먹는 우리와 비슷한 풍속이 유대민족에게도 있다고 한다. 그들은 이집트로부터 벗어나기 전날을 기념하는 유월절 7일 동안을 엄격한 의식에 따라 지키고 있는데, 이 의식에 참여하는 모든 사람들은 누룩을 넣지 않은 빵과 으깬 과일과 쓴 나물을 먹는다. 이 음식들은 평상시에 먹는 것과는 달리 거칠고 맛이 없으며 역겨울 수도 있다.

그러나 엄숙한 마음으로 절제하고 인내하고 명상하면서 지난날의 민족적 시련과 고난과 희생에 대한 보상으로 현재 자유와 번영을 누리게 되었음을 잊지 않으려는 풍속인 것이다. 이스라엘 민족은 지난 역사적 사건의 교훈을 종교적, 철학적으로 승화시켜 각개 인격은 물론 민족전체의 영적 각성의 계기로 삼았다.

우리 민족에게도 크고 작은 국난과 그에 따른 역경의 역사가 있다. 생각해보면, 겨우 일세기도 지나지 않은 엊그제의 일들인데 우리는 지난날을 너무 쉽게 잊어버리고 있다.

지금 우리는 세계 10위권 안에 드는 경제대국이 되었고, 평균 교육수준이 세계 최상위층에 이른다고 하며, 자유와 인권이 보장된 나라라고도 한다. 그러나 거의 매일 뉴스에는 세상을 비관하는 사람들의 기사로 넘쳐나고 있다.

그들의 대부분은 'Hell 조선'을 외치는 젊은층이다. 젊은층들은 가난이 무엇인지 경험해 보지 못했다. 그들의 부모가 자식들에게는 그 지긋지긋한 가난을 절대로 물려주지 않으려고 이를 앙다물고 죽을힘을 다했기 때문이다. 젊은층들은 배고픔이 무엇인지, 벼룩과 빈대가 무엇인지 모른다. 아버지 세대가 크게 잘못한 것은 자식들을 지나치게 호강시켰다는 것이다.

그리고 또 하나 확실한 것은 우리가 지난날을 너무 쉽게 잊어버리고 현실에 매몰되어 살고 있다는 사실이다. 겨우 50~60년 전, 우리는 세계 최빈국의 국민이었고, 유엔과 선진국들의 원조로 겨우 연명할 수 있었다. 전쟁으로 황폐화된 땅에서 질경이처럼 끈질긴 생명력으로 자식들을 기르고 가르쳤다.

그렇게 해서 길러낸 우리 자식들이 작은 고통도 참아내지 못하고 우선 편하게 사는 일만 취한다면 우리의 미래가 어떻게 될 것인지 걱정스럽다.

누구나 넉넉하고 편한 것이 좋을 것이다.

누구나 화려하고 아름다운 것을 좋아할 것이다. 그러나 아무런 절제도 목표도 없이 무작정 입에 맞는 것만을 취하고 몸이 편한 것만을 추구하다 보면 육신은 물론 정신까지도 망칠 것이다.

혹시 요즘 우리들은 부지불식중에 단맛에 중독되어 있는 것은 아닐까? 거기 중독되어서 조금이라도 시거나 쓴맛은 견디지 못하는 것은 아닐까? 빨리 부자가 되고, 쉽게 성공해서 부족한 것 없이 남들에게 과시하면서 살아보려는 욕구! 쓴 맛은 회피하고 달콤한 맛에 탐닉하고 싶은 허황된 욕망이 우리를 불행의 늪으로 빠져들게 하고 있다.

2부

풍경처럼

모자 콜렉션
새것과 낡은 것
풍경처럼
유년의 언덕
산사의 음악회
누구십니까
안 씨安氏
에스프레소espresso
잡초에 관한 변설
저 작은 새

모자 콜렉션

외출할 때마다 예외 없이 모자를 쓴다. 숱이 해마다 적어지고, 머리카락이 갈수록 가늘고 힘이 없어져서 맨머리로 그냥 나가면 바람 부는 방향에 따라 사방으로 흩날려 주체할 수가 없다.

내가 모자를 쓰는 것은 1차적으로 머리카락을 차분하게 눕히기 위함이다. 햇볕을 가리거나 추위를 막겠다는 것은 그 다음 문제다. 멋을 내겠다는 생각도 아주 없지는 않지만 그것은 아마 열 번째쯤이나 될 것이다.

요즈음 거리에 오가는 사람들을 보면 모자를 쓴 사람들이 많다. 대부분이 보온용인데, 오리털이나 거위털 패딩처럼 방한복에 붙어 있는 머리싸개 같은 것도 그중 하나다. 그것은 젊은 사람들에게나 잘 어울리지 만일 나 같은 사람이 쓰고 나서면 우습게 보일 것이다. 마치 북극탐험대원이라도 되는 것처럼 사람은 보이지 않고 옷만 보이지 않을까.

그러나 흉보면서 닮는다고 나도 필파워(pill-power)가 100퍼센트에 가까운 파카를 입고 다니니 따뜻하긴 하지만 행동이 매우 부자유스럽다. 일부러 머리싸개가 달리지 않은 것으로 골랐더니 이제는 모자를 따로 챙기기가 번거롭다. 체온의 8할이 머리를 통해서 발산된다는 말을 듣고부터는 더 신경이 쓰인다.

내 옷장에는 춘하추동 계절에 따른 여러 개의 모자가 있다. 그중에는 요즘처럼 강풍에 눈바람이 몰아치는 날에나 어울릴 모스크바산 모피 모자도 있고, 평온한 날씨에 쓰는 모직 도리우찌도 있다. 그리고 산책할 때 가볍게 쓸 수 있는 털실모자도 있다.

내가 모자를 좋아하는 줄 알고 친구가 외국 여행 중에 샀다면서 선물한 고급 모자도 있는데 그것은 머리에 맞지 않아서 장롱만 지키고 있다.

내가 가장 애용하고 있는 것은 고속버스터미널 지하상가에서 헐값에 산, 이제는 다 닳아버린 베레모다. 쓸 만한 것은 몇 개 되지 않지만 개수로 치면 어림잡아 50여 개는 되지 않을까 싶다. 그것들은 사려고 작정을 하고 산 것이 아니라 그때그때 눈에 띄면 집어온 것들이라서 색상이나 생김새들에 체계가 없고 뒤죽박죽 제각각이다. 처음에는 혹해서 샀어도 한두 번 써보곤 마음에 맞지 않아 버릴까 하다가 혹시 몰라서 내박쳐 둔 것들이 대부분이다.

내가 지금 모자 자랑을 하고 있는 것 같지만 사실은 부끄러운 속내의 고백을 하려는 것이다. 젊었을 적부터 머리숱이 적었다. 30대까지는 그럭저럭 지냈는데 40대에 이르자 알아보게 더 줄어들어 머릿속이 훤히 드러날 지경에 이르렀었다. 좋다는 발모제는 거의 다 써보고 단방약도 이것저것 발라보고 먹어 봤는데 별다른 효험이 없었다.

피부과에 다니면서 두피관리도 특별히 받았지만 그때뿐이었다. 써본 사람들이 권하기에 말을 듣고 제법 고가의 가발도 맞춰서 써봤다. 그러나 날마다 썼다 벗었다 하는 과정이 번잡하고 남 앞에 나서기가 쭈뼛거려졌다. 그리고 무엇보다 관리하기가 어려워서 이내 중단하고 말았다.

모자는 내 두발의 흠결을 손쉽게 가려줄 뿐만 아니라, 의상과 잘만 맞추면 패션 장식까지 더해주어 마음에 든다. 옛 어른들이 출타할 때에는 반드시 의관을 갖추었던 것도 이 때문이 아니었을까? 옛날의 갓은 말총으로 만들어 속이 훤히 드러나 보였으므로 방한이나 방풍의 기능은 하지 못했을 것이고, 양반이나 선비들의 체모를 돋보이게 하는 장식적 기능은 충분히 했을 것이다.

나이를 먹어가면서 외모를 가장 여실하게 보여주는 것이 두발이다. 머리카락이 빠져서 벗겨질 뿐만 아니라 성성한 백발이 세월을 앞서 먼저 달린다. 어느 장사가 그걸 막을 수 있겠는가. 그저 순리로 감수할 수밖에. 그러나 우선 모자로라도 감추고 싶은 것이다. 내가 모자에 의지하는 것은 멋을 내기 위한 것이 아니라, 흩날리는 머리카락을 관리하기 위한 것이라고 변명하지만 결과적으로는 외모를 중시한 셈이다.

그러나 이제는 정신을 먼저 청청하게 가꾸어야 할 것 같다. 정신의 젊음을 유지하려면 눈에 보이는 머리카락보다 눈에 보이지 않는 두뇌를 잘 관리해야겠다. 아무리 촘촘하고 검은 머리카락으로 매력을 풍길지라도 제정신으로 살지 못한다면 그 머리카락이 무슨 의미가 있겠는가?

최신 뇌과학 분야의 연구에 의하면 뇌세포가 새롭게 생성되는 현상이 밝혀졌다고 한다. 매우 반가운 소식이다. 뇌세포는 하루에 십여만 개씩 죽어가지만 재생되지는 않는다는 것이 지금까지의 학설이었다. 새로운 뇌세포가 생성되는 기제機制를 알게 되었으니, 치매가 정복될 날도 멀지 않을 것이다. 앞으로 밝혀지겠지만, 긍정적 사고와 적극적 활동을 추동하는 정신력은 뇌세포의 활성화와 깊은 연관성을 가지고 있으리라 믿는다.

소포클레스가 "설령 신체는 노예지만, 정신은 자유다."라고 한 것도 정신은 육체를 지배할 수 있다는 신념을 피력한 말이다. 스스로 다짐하는 일은, 자기 자신의 가치를 알고,

자신의 소임을 중시하며 산다면 육신의 노화쯤이야 대단한 것이 아닐 것이다.

이제 모자를 사들이는 허망한 일에 정신을 쓰는 일은 그만 둘 때가 된 것 같다. '대머리면 어떻고 백발이면 어떠랴! 겉은 노년이라도 정신이 맑고 바르면 되는 거지! 늙은 청년보다야 젊은 노년이 낫지!'라고 하면 과욕이라고 할까? 억지라고 손가락질하는 사람도 있겠지만…….

새것과 낡은 것

십수 년 전, 고향집을 헐고 그 자리에 새로 양옥을 지었다. 새집을 짓겠다고 했을 때 어머니는 매우 기뻐하셨다. 그러나 다 지은 다음 하나둘 불편한 점이 지적되기 시작하였다.

넓은 광과 툭 터진 우물물이 없어지고 보일러실이니, 중간밸브니, 싱크대니 낯선 구조와 도구들이 사뭇 낯설었기 때문일 것이다. 마당이 좁아지고 층계가 생기고 가스며 난방을 하는 일도 신경이 쓰였을 것이다. 특히 난방을 하는 데에 돈이 적지 않게 타들어가고 있다는 것을 제일 마음에 들지 않아 하셨다.

큰 마음 먹고 편하게 해드리려고 집을 지었지만 막상 짓고 나니 생각과 다른 점도 많았다. 좀 더 깊이 생각한 후

절충하여 지을 걸 하는 후회.

몇 년 후 우리 집 가까이에 어마어마한 양옥이 들어섰는데 그 집은 너무 우람하여서 주변의 경관과 전혀 어울리지 않았다. 우리가 지은 집은 거기에 비하면 오막살이에 불과하지만 우리도 집을 지을 당시에는 다른 사람들에게 충분히 거부감을 주었겠구나 하는 깨달음도 늦게나마 들었다. 옛날 것은 모두 낡은 구닥다리요, 새것만이 멋지고 좋다는 사고방식으로 시작한 일은 아니지만 언제나 새로 시작한 일은 시행착오를 일으킬 때가 많다.

새마을 운동이 한창일 때, 모든 초가지붕을 개량식 지붕으로 고치고 지붕마다 빨간색, 초록색으로 칠했던 일이 생각난다.

시골집은 무엇보다도 시골집다워야 한다. 넓은 앞마당에는 토실토실한 암탉이 병아리를 몰고 다니고, 벽에는 씨종자 옥수수가 걸려 있어야 한다. 헛간 구석에는 덕석을 둘둘 말아 세워두고, 마당에는 평상이 있어야 한다. 꽃밭에는 봉숭아나 맨드라미 같은 꽃이 있고, 꽃밭 주변에는 파나 부추 같은 것들이 자라고 있어야 제격이다. 돼지우리 지붕에는 호박넝쿨이 올라가고 두엄은 그 안에서 잘 삭고 있어야 한다.

요즘 시골에는 어울리지 않는 높이로 아파트가 여기저기 들어서 있다. 산의 능선이나 개울 보존, 자연경관은 고려하지 않고 제멋대로 솟은 아파트들이 마치 불량배의 무리처럼 도열하고 있는 것이다. 도대체 왜들 이러는가, 숨이 콱 막히려고 한다.

그렇게 해야만 문화적으로 도회와 같아진다고 생각하나 보다. 전국이 모두 일일생활권에 들었을 뿐만 아니라 통신과 방송은 모두 실시간으로 외국에까지 전송되고 있는데 서울과 지방은 이미 문화적으로 다르지 않다.

그리고 우리가 지금 고민해야 할 것은 문화를 같게 하는 일이 아니라, 각 지역 문화의 차별성 그것을 발견하여 가꾸는 일이다. 지방에는 그 지방만의 특징과 풍습이 있고 말씨와 정서와 음식과 풍물이 있어야 한다. 그리고 문화는 새것을 이르는 말이 아니다. 오래 묵어서 곱게 잘 삭은 것을 문화라고 한다.

이 지구상에 있는 다양하고 상이한 문화, 그 상이함이 서로를 존재하게 하는 이유가 될 것이다. 상이함 속에서 자기의 것을 인식하고 가꾸고 기르는 일, 그것이 곧 문화를 보존하는 일이라는 것을 새삼 깨닫는다.

근래 산업이 발전하고 과학기술이 발달하면서, 생활의 속도가 빨라지고 있다. 생활이 가속화되면서 전통적인 사회구조도 크게 흔들리고 있다. 농촌 젊은이들은 일자리를 찾아서 서울로 가고, 눈만 풍년인 서울로 가서 얼마나 돈을 버는지는 모르겠다. 혹시 마음에 바람만 잔뜩 들어서 더 허황하고 쓸쓸해지는 것은 아닐까.

농촌에는 날로 빈집이 늘어간다. 정겨운 초가집들이 오밀조밀 모여 이루어진 인정 많던 마을에 어린애의 울음소리가 들리지 않은 지가 오래되었다. 시골에는 힘든 농사일을 하기 어려운 노인들만 남아 있는 형편이다.

농촌에도 제 젖을 먹이지 않고 우유를 먹이고 싶어 하는 여성들이 많아진다고 한다. 밭일을 하면서도 읍내 다방에 전화하여 커피를 시켜다 마시고 김을 맨 후에는 막걸리가 아닌 맥주를 마신단다. 이러다가는 농촌문화도 도회문화도 없어질 날이 멀지 않다. 심각한 일이 아닐 수 없다.

농촌 총각들이 단지 농촌에서 농사를 짓는다는 이유로 혼기를 놓치고 마흔이 넘게 늙어가고 있다. 엊그제 신문에 게재된 외신보도에는, 세계 제2위의 경제 대국인 일본 사람들이 그들보다 몇 십 배 낮은 수준의 필리핀이나 인도네시아 사람들의 삶을 부러워한단다. GNP나 GDP와 같은 수치는 행복의 질량과 크게 연관을 갖고 있지 않다는 사실을 알 수 있다.

우리가 가난을 탈피하게 위해서 피땀으로 추구해 온 산업사회, 정보사회는 과연 무슨 의미가 있는가? 너나없이 부르짖은 국제화 세계화는 또 우리에게 어떤 의미가 있는 것인지 가끔 회의를 느낀다.

우리가 조상으로부터 물려받은 무형의 문화유산, 도덕과

관습, 신앙과 풍속도 차츰 없어져가고 있다. 가끔 민속놀이 경연대회가 있기는 해도 그것은 그저 경연대회용일 뿐이다. 실제 생활 속에 살려서 즐기는 민속이 아닌 것이다. 명절 때가 되어도 이제는 온 동네가 즐기던 농악이나 판소리도 듣기 어렵게 된 것이다.

요즘 노인들은 옛날이야기를 할 줄 모른다. 날마다 텔레비전에 눈을 박고 있어서 전설도 민요도 속담도 수수께끼도 모르게 된 지 오래 되었다.

가끔 정년퇴직한 사람들이 귀농하여 성공하는 예도 있고 농과대학을 나온 젊은이들이 새로운 농작물을 시험 재배하여 시판하는 일도 있다고 하니 희망을 걸어본다. 아무리 산업사회 지식정보사회로 접어들었다고 해도 농촌을 제대로 살리지 않고서는 미래를 장담할 수 없다.

풍경처럼

요즘은 어떤지 모르겠다.

한때 취미가 무엇이냐고 물으면 '독서'라 답하는 사람들이 많았다. 독서가 취미라니, 취미삼아 하는 독서로 일 년 내내 몇 권의 책이나 독파할 수 있을까. 독서는 그렇게 만만한 '동네북'이 아니다. 이것도 저것도 별로 취미라고 내세울 만한 것이 없을 때 생각없이 내던지는 말이 '취미=독서'라고 설왕설래했었다.

학생을 가르치는 일을 업으로 했던 나 같은 사람은 싫든 좋든 읽어야 하는 것이 책이었다. 그러나 내가 읽은 책들은 대부분 전공 분야와 연관된 것들로 한정되어 있었고, 읽고 싶어서 읽는다기보다는 읽어야 하기 때문에 읽었다고 해야 할 것이다. 그러한 독서에 즐거움이 따를 리 없었고 감흥과는 더욱 멀었다.

은퇴 후 서울 근교에서 2년 넘게 사는 동안 전철로 서울을 왕래했었다. 전철은 거의 정확한 시간에 대어갈 수 있을 뿐만 아니라 나이든 사람에게는 공짜로 탈 수 있는 혜택까지 주어져 고맙게 나이 덕을 누렸다. 죽전역에서 선릉역까지 가는 분당선은 출퇴근 시간만 아니면 어렵지 않게 자리를 잡고 앉아갈 수 있다.

소요시간은 40여 분이니, 왕복이면 80여 분이나 되는 시간이다. 나는 전철에서 읽을 책을 고르는 일로 외출준비를 시작하였고, 그것은 일종의 가슴 설레는 즐거움이기도 하였다. 서울 외출을 몇 번 하고 나면 어지간한 책 한두 권은 독파할 수 있었고, 긴 승차시간이 지루하거나 시간을 낭비하였다는 느낌이 전혀 들지 않았다.

그런데 자세히 살펴보니, 나만 그런 것이 아니라 많은 사람들이 자리를 잡고 난 후 책을 펴들었다. 전철역 입구에서 얻은 타블로이드판 소식지, 교양잡지, 혹은 외국어 학습 교재나 자격시험 문제집 등을 편안하게 펴들고 들여다보는 사람들. 나는 그들을 보면서 우리 국민도 알게 모르게 많이 변화하고 있구나 생각하곤 했다.

얼마 전까지만 해도 세계 선진 국민임을 자부하는 나라에서는 버스 안에서건 역사 안에서건 조용히 책을 읽는 사람들로 가득하다면서 부러워하였다. 그리고 선진국의 평균

독서량에 비하면 우리 국민의 독서량은 아직 한심스런 수준에 머물러 있다고 자탄하였다. 그러나 이러한 속도로 독서 인구가 늘어간다면 절망하지 않아도 될 것 같다.

외국에서 살다가 잠시 귀국한 우리 동포들은 한국과 한국인의 모습이 얼마나 변했는지 놀랍다고 한다. 생각해보면 정말 우리가 여러 가지 면에서 많이 변하기는 한 것 같다.

버스 토큰 제도가 처음 도입되었을 때만 해도 그게 제대로 이루어질 수 있을까, 회의적이었다. 차장이 버스 문 앞에 지켜 서서 일일이 차비를 받으려고 해도 냈느니 안 냈느니 승강이가 벌어지곤 했는데, 차장도 없는 버스에서 자발적으로 그런 일을 해낼 수 있을까 걱정이 많았던 것이다. 그러나 그게 이제는 자동승차권으로 변했는데도 별 애로 없이 잘 진행되고 있으니 얼마나 향상된 국민 수준인가. 정결한 공중화장실, 거기에 비치된 깨끗한 휴지, 음악이 있는 공원의 벤치. 이런 것들은 모두 우리가 의식하지 못하는 사이에 차츰 우리의 곁으로 왔다.

"이제 우리도 문화 국민이야. 이제 우리 후손들이 좀 더 내실 있게 가꾸는 일만 남았네."

엊그제 산책을 함께 하던 친구가 말했다.

내실 있게 가꾼다는 말은 무엇인가? 나는 친구와 헤어진 후에도 계속 곰곰이 생각하였다.

그것은 너무 빨리 달려오느라 소홀하게 빠뜨린 것들, 질서와 예의를 지키고 양보하고 배려하는 마음 등, 구닥다리라고 밀쳐두었던 옛 선현들의 가르침이 아닐까.

오늘 전철 안에서는 지난 시절의 팝송 명곡들을 맛보기로 크게 들려주면서 디스켓을 파는 상인이 있었다. 지하철 객실은 제법 독서하기에 좋은 분위기였지만 나는 잠시 읽던 책을 접고 그 팝송이 이끌고 가는 대로 어느 추억의 언덕에 서 있었다. 피로한 기색으로 앉아 있던 나이 지긋한 옆 사람도 유심히 귀를 기울이고 있는 것 같았다. 젊었을 때는 모르던 정서까지 폐부 깊숙이 섬세하게 파고들었다. 그러나 지금 젊은이들은 템포가 형편없이 늦은 매력 없는 타령조라고 외면하거나 비난할지도 모른다.

시간의 흐름이 전보다 빨라지고 있다. 나는 이제 나를 고집하고 싶지 않다. 그 흐름에 조심스럽게 나를 맡겨 풍경처럼 조화를 이루고 싶다.

이제 서울 시내로 이사한 지 십 년에 접어들고 있다. 시내가 가까워서 긴 시간 들이지 않고 목적지에 도착할 수 있게 되었지만 한 가지 즐거움은 잃게 되었다. 지하철에서 마음 놓고 책을 읽는 성취감을 이젠 누릴 수 없게 된 것이다. 하나를 얻으면 또 다른 하나를 잃을 수도 있다는 인생사의 단순한 원리를 체감한다. (조용한 서재에서의 독서는 미뤄두고서 이 무슨 망령인지 모르겠네. 허 허 허!)

유년의 언덕

나는 유난히 외할머니와 외할아버지의 사랑을 많이 받고 자랐다. 어머니는 맏이였다. 내가 외손이긴 했지만 두 분에게는 첫손자였으므로 귀여움을 독차지할 수 있었을 것이다.

물론 친할아버지, 친할머니도 가까이 사셨지만 친할아버지에게는 나 말고도 손자손녀가 수십 명이나 되었다. 아버지의 형제분들은 다섯 남매인데 그 가운데 아버지는 막내였으므로 친할아버지의 사랑이 내게까지 미치는 데에는 한계가 있었다. 지금까지 내게 남아 있는 친할아버지와 할머니에 대한 기억은 아름답고 감미로운 것보다는 윤리적 도덕적 의무감 같은 것들이 더 크다.

더구나 외가 쪽에서 내게 기울이는 마음이 어떤 것인지

알고 계셨으므로 안심을 하셨을 것이다. 나는 이성적으로는 친가를 가까이 해야 한다고 생각하면서도 감성적으로는 늘 외가에 가 있었다.

외할아버지는 삼남매를 두셨는데 위로 둘은 딸, 그 아래 막내는 아들이었다. 막내인 그 외삼촌은 이모와 터울이 많이 떠서 늦게 얻은 아들이었다. 그래서 더욱 금지옥엽처럼 사랑을 받았을 것이다. 내 흐릿한 기억 속에 외삼촌은 수려한 외모를 갖춘 선비형의 인물이었다. 총명하고 예의가 바르며 선량한 인품을 지녀서 온 마을 사람들의 기대와 칭찬을 받았다고 한다.

그러나 외삼촌은 결혼한 지 얼마 되지 않아 소생도 두지 못한 채 요절하고 말았다.

마른하늘 아래 벼락을 맞은 듯, 불행한 일을 당한 후 실의와 절망을 견디면서 두 분은 외손자인 나에게 실낱같은 희망을 걸었던 것 같다.

나는 주로 외할머니 댁에서 소년 시절을 보냈다. 식사 때면 언제나 외할아버지와 겸상을 하였기 때문에 식사 예절은 자연스레 익힐 수 있었다. 홀로 늘 반주를 드시던 할아버지는 언젠가 장난삼아 여덟 살쯤 되었을까 한 내게 술을 권하셨다. 어린 외손자가 따라 드리는 술잔을 받는 재미로 술을 드시면서 자연스럽게 손자에게 음주를 허락한 셈이 되었다. 내가 오늘날까지 술로 인한 실수가 없었던 것은,

어린 나이에 할아버지 앞에서 술을 배웠기 때문이 아닌가 한다.

내 추억 속의 외할머니는 얌전하고 조용한 용모에, 품위와 교양을 갖추신 분이었다. 한문 문장에도 밝으셨고, 기억력이 뛰어나서 수많은 옛날이야기와 민요, 서사무가 등을 암기하고 계셨다. 훗날 내가 민속학 과제를 하면서 외할머니 암기력의 덕을 많이 보았던 일은 지금도 기억이 새롭다.

외할머니와 외할아버지는 어린 나를 아들 겸 손자로 여기셨다. 손자가 좋아하는 음식은 무엇이나 마련해 주시고, 용돈을 아꼈다가 가만히 손에 쥐어 주곤 하셨다. 성장기에 혹 영양이라도 부족할까 봐 잘 먹여 기른 암탉을 자주 잡아 고아 주셨던 일이 생각난다.

혹 마음 상한 일이나 고민하는 일이 있을 때면 어머니보다 외할머니가 먼저 아시고 가만히 얼굴을 감싸 위로해 주셨다. 나는 때로 할머니에게 엉뚱한 투정을 부리기도 하였다.

외할아버지는 성격이 강직하고 자존심이 강한 분이셨다. 평소엔 늘 말씀이 없으셔서 가까이 다가가기 어려웠다. 혹 공사간에 불투명한 일처리라도 보게 되면 당장 불호령이 떨어지기 때문에 가족은 물론 마을 사람들도 두려워하였다. 자신의 행동거지가 바르고 분명한 만큼 타인에게도 그러한 수준의 행위를 요구하였으며, 그래서 쉽게 근접하기 어려웠다.

그러나 속으로는 포용력이 많고 따사로운 인정을 지닌 분이셨다. 그러한 속내를 쉽게 드러내 보이지 않았기 때문에 경원하는 사람들이 많아 외로우셨을 것 같다.

어느 해 여름날이었다. 이웃집 수탉이 가끔 홰를 치며 우는 소리만 들릴 뿐 온 세상이 쥐 죽은 듯 고요한 대낮이었다. 할아버지는 무료를 견디기 어려우셨는지 마른 생선을 안주 삼아 홀로 소주잔을 기울이고 계셨다. 한식경이나 지났을까 말씀이 어눌하고 움직임이 수상하여 들여다보니 마른 복어를 잡수신 것이 틀림없었다. 맨발로 달려 택시로 할아버지를 모시고 병원으로 갔다. 시간이 조금만 늦었더라도 큰일이 났을 것이라는 의사의 말을 듣고 안도의 한숨을 내쉬었다.

늘 외로움에 지친 듯한 얼굴, 의지할 데 없는 나그네처럼 휘청거리던 뒷모습, 밤늦도록 잠 못 이루고 어두운 방안에 앉아 담배만 피우시던 외할아버지 모습이 생각난다. 나는 지금도 그날 외할아버지가 일부러 복어를 잡숫고 모른 체 하셨던 것이 아닌가 의심하곤 한다.

대학 2학년 여름방학 때였을 것이다. 외할아버지가 편찮으시다는 소식을 듣고도 아직 처리하지 못한 일이 있어 귀향을 미루고 있었다. 그날 밤 잠깐 조는 사이 나의 미간에 큰 불덩어리가 떨어지는 것을 보고 할아버지가 위급하다는 걸 직감하였다. 나는 하던 일을 밀쳐놓고 서울역으로 갔다. 외가에 이르렀을 때, 이미 돌아가셨던 분이 다시 숨을 타기다리시다가 내 손으로 떠드린 꿀물 두어 순갈을 드시고 눈물을 흘리며 운명하셨다.

나는 엄격한 할아버지보다 자상하고 자애로운 할머니를 더 좋아하였다. 이는 유소년기 어린아이들의 공통심리라 할 수 있을 것이다. 생활을 꾸려가느라 거칠어진 어머니에게서 다 채울 수 없었던 따사로운 모정을 나는 외할머니에게서 찾고 있었다.

언젠가는 어머니에 대한 불만과 저항을 외할머니에게 쏟아놓으며 울부짖은 적이 있었다. 그 때 할머니는 눈물을 닦아주시면서 당신도 함께 눈물을 흘리셨다. 내가 청소년 사춘기를 무난히 넘길 수 있었던 것은 외할머니의 자애로운 사랑의 힘 때문이었다.

이제 지난날을 되돌아보니 평탄치 못했던 환경이 나로 하여금 강인한 생명력과 굳은 의지력을 길러주었다. 우리 마을에서 한두 명밖에 되지 않은 대학생이 되고 대학원에 진학하여 석사, 박사 학위를 받고 대학교수가 될 수 있었던 것은 외할아버지와 외할머니가 베풀어주신 자애로운 사랑의 힘, 그 덕이라 생각한다. 외할머니와 외할아버지는 외롭고 암담했던 내 유년의 자양분 넘치는 언덕이었다.

그러나 무슨 소용이 있겠는가. 그분들은 이제 다시 만

날 길 없고, 겨우 추억 속에서만 흐릿한 영상으로 살아 계실 뿐인 것을. 두 분을 합장하고, 그 앞에 비석 하나 세워드림으로써 겨우 내 마음 한 조각을 표할 수밖에 없었다.

산사의 음악회

며칠 전 무등산 자락, 조그만 산사의 밤 음악회에 참석한 일이 있다. 내가 참석했을 때가 33회째였으니, 꽤 오래 지속되고 있는 정기음악회인 셈이다. 다달이 개최된다 하더라도 3년이 가까워지고 있으니 말이다.

이 음악회에 대한 소문은 전부터 들어서 알고 있었고 언제건 한 번 참석하고 싶었는데 자연스럽게 기회가 주어진 것이다. 어떤 동기와 목적으로 시작된 음악회인지도 모르는 채 나는 city tour의 무리 속에 휩쓸려서 자리를 잡고 앉았다.

유월 중순의 한여름 밤, 녹음이 짙게 우거진 계곡의 사찰 뜰에서 생음악을 감상할 수 있는 기회는 그리 흔하지 않을 것이다. 아는 사람이 아무도 없다는 데서 느끼는 자유로움과 이완된 감정에서 오는 홀가분한 마음으로 맨 뒷자리에 앉아 있었다.

사찰 공지의 자연석 위에 임시 마련된 무대는 다소 어수선해 보였으나, 암석 위 여기저기에 켜져 있는 앙증스런 촛불들이 분위기를 잡아 주었다.

오후 7시 30분. 여름날이라 아직 해는 지지 않고 구름 속에 빨간 불덩이처럼 기울어지고 있었다. 그리고 한가로운 하늘 남쪽 끝에서 장난감 같은 비행기가 깜박이는 불빛을 남기며 머리 위로 날아가고 있었다. 그러나 그것도 잠시 이내 어둠이 사위로 몰려오면서 시내에서는 잘 보이지 않던 별들이 드문드문 희미하게 드러나기 시작하였다. 방금 전까지도 무덥던 기온은 어느새 삽상한 가을 기온처럼 낮아지고, 여기저기 비어 있던 자리들이 다 메워지면서 음악회는 시작되었다.

명상음악으로 자주 들었던 곡들이 고요한 산사의 밤하늘에 울려 퍼지면서 서두를 장식하는 곡들이 깊은 숲속에 흐르는 개울물 소리나 산사의 목탁 소리와도 잘 어우러지고 있었다. 나는 금세 마음이 평온해졌다.

음악회를 주관하는 스님의 말씀과 사회자의 멘트를 통하여 이 음악회의 성격과 목적을 알게 되었다. '생명나눔 운동'의 일환으로 전개되고 있는 자랑스럽고 소중한 음악회였다. 몇 분의 스님과 목사님 등 뜻 있는 분들이 중심이 되어 시작된 음악회인데, 이 모임을 통하여 장기,혈장, 골수기증 운동을 벌이는 한편 난치병 환자들을 음양으로 돕는 일을 펼치고 있다고 했다.

참여하고 있는 분들이 매우 겸손하고 진실하게 이끌어가고 있기 때문에 그동안의 실적과 결과는 알 수가 없었으나, 십여 년의 치료로 이제는 백혈병이 완치되었다는 한 소년과 그 어머니의 말씀은 깊은 감동을 주었다. 그리고 무료공연을 자원한 가수들의 열연은 음악회를 한껏 빛나게 하였다.

음악회가 끝난 뒤 밤 10시 가까이 적막한 산길을 내려오면서 나는 갖가지 사념에 젖어 들었다. 온 세상이 다 부패하고 부정한 사람들로만 채워져 있어 내일이라도 당장 지구 최후의 날, 심판날이 올 것 같은 요즈음, 정치나 경제계는 말할 것도 없고, 교육계나 종교계까지도 성한 데가 별로 없어 보이는 때에, 이름을 드러내지 않고 조용히 펼치고 있는 이 '생명나눔 운동'이야말로 얼마나 숭고한 일인가.

혼탁한 강물을 맑히는 옹달샘 같은 생명운동, 이 세상이 아직 망하지 않고 조금씩이라도 발전할 수 있는 것은 이러한 운동을 펼치고 참여하는 사람들의 숨은 덕이라고 생각되었다.

여러 해 전 장기기증운동이 펼쳐지기 시작했을 때, 나도 그 운동에 참여하고 싶다고 아내와 자식들에게 말한 적이 있다. 아무도 반대하는 사람이 없을 뿐만 아니라, 자기도 함께 참여하겠다고 동조해 주어서 기뻤다.

그러나 특별한 이유도 없이 그 뜻을 실행에 옮기지 못하고 차일피일 여러 해가 지나갔다. 나의 소심하고 과단성 없음이 부끄러워진다.

동참을 필요로 하는 저들에게 왜 기꺼이 다가가지 못하고 머뭇거리고 있었을까. 마음뿐 실천하는 행동으로 옮기지 못하는 것은 결국 자기기만이 아닐까. 선한 일, 정의로운 일, 희생이 따르는 일을 누군가가 나를 대신하여 나설 것이라고 생각하고 결행하지 않는 것은 위선이 아닐까.

나는 평생을 교육계에서 보냈다. 성스러운 직업의 덕으로 비교적 양심을 지키며, 윤리 도덕적으로 질타받을 만한 일들을 멀리하면서 살아온 것을 긍지로 여긴다. 사회의 지도층 인사들 중 가끔 훌륭한 재능과 지식을 지니고 있으면서도 부도덕한 소행으로 비난의 과녁이 되기도 하고, 때로는 불행한 종말을 걷는 것을 보고 안쓰러운 생각이 든다.

그러나 지금 생각해보면, 나야말로 얼마나 이기적이고 오만한 사람인가 모르겠다. 오늘 저 성스러운 생명나눔 운동을 전개하고 있는 이들 앞에서 나는 한없이 초라하고, 무기력하며, 자기 기만의 위선자임을 자각한다.

누구십니까

나는 명함의 필요성을 크게 느끼지 못하고 살아왔다. 처음 수인사를 하면서 상대편이 유연한 몸짓으로 명함을 제시하면서 내 눈치를 살피면 나도 함께 건네야 하는데 그렇지 못한 것이 좀 미안하기는 하다. 나는 '명함을 가지고 나오지 않아서'라든가, '옷을 바꿔 입고 나와서'라는 등 궁색한 변명으로 난처한 때를 모면하곤 하였다.

근래에는 내밀 만한 명함이 없어서 그렇지만 명함이 있을 때에도 나는 아예 가지고 나가지 않거나 안주머니에 있는 걸 한참 동안 찾아서 내미는 식이었다. 아마도 내 의식 가운데 명함의 존재는 필수품으로서 자리 잡고 있지 않는 것 같다.

50대에는 단과대학 학장이라는 이름으로, 60대에는 부총장이란 이름으로, 행정파트에서 만들어 준 명함을 받았었다. 그러나 직책에 관한 소명의식이 희박하거나 상대편을 배려하는 마음이 부족한 것도 아닌데 나는 명함에 대한 가치를 잘 모르고 살아왔다. 그것은 내가 사교에 미숙하며 대인관계의 매너에도 세련되지 않았기 때문일 것이라고 생각한다. 임기를 마친 후면 번번이 아직 사용하지 못한 명함들이 그대로 남아서 뒹굴어 다니곤 했다.

오래전 얘기다. 동료 교수가 명함에 수많은 직함을 올렸는데 살고 있는 아파트의 동棟 대표라는 것까지 씌어 있었다. 나만 이상하게 여긴 것이 아니라, 명함을 받은 친구들이 뒤에서 한마디씩 하였다. 친구들 간에 웃음거리가 된 것이다.

어떤 명함에는 '국회의원 차점으로 낙선'이라는 말까지 적혀 있는 것도 있고, 사실을 과장하여 기록한 것도 있다. 깨알보다 작은 글씨로 사소한 일들까지 써넣은 걸 보면 차라리 명함을 돌리지 않은 것보다 못하다. 그만큼 체신머리가 없어 보이는 것이다.

그래도 정치를 하거나 사업을 하거나 또는 회사의 홍보업무를 맡고 있는 사람들은 반드시 상대편을 고려하는 의미에서라도 명함을 가지고 있어야 할 것이지만, 나 같은 사람에게는 명함이 개귀에 방울이나 다름없다고 생각해왔다.

내가 일상적으로 대하는 사람들은 대개 비슷한 사람들이

고, 혹시 뜻밖의 사람들을 만날지라도 '내가 이런 사람입네.'라고 알려야 할 일도 별로 없기 때문이다. 그러나 한 편 생각하면, 서로 주고받지 않고 홀로 받기만 하는 것도 무례한 태도로 보일지 모르겠다.

우리 집 명함 상자에 넘치는 수많은 명함들, 그것들이 항시 효용가치를 가지는 것은 아니다. 명함에 기록된 신분이나 직함이나 전화번호가 수시로 바뀌기도 한다.

명함을 챙기지 않는 나의 버릇은 혹시 스스로 자신감이 없는 마음으로부터 비롯된 것은 아닌지 모르겠다. 되돌아보면, 나는 늘 근신하는 사람처럼 살아 왔다. 부족한 것을 더 채우려 애쓰기보다 지금 지니고 있는 것을 지키고 유지하려는 데 더 마음을 써왔던 것 같다. 마음으로는 적극적, 진취적으로 살자고 다짐하면서도 행동은 늘 소극적 수용적 상태에 머물러 있곤 했던 것이다.

사실 미래 세계에서는 명함도 구시대의 유물이 될 것이다. 최근에 구입한 내 핸드폰에서는 자꾸 편리한 구글의 앱을 사용하라고 채근하기에 따라가 봤더니 무엇이든지 우리말로 물어보면 대답해준다고 했다. 말로 메일을 보내고 검색을 명령할 수도 있다는 것이다. 문자를 입력하는 수고나 시간까지도 절약해 주겠다니 놀랍다..

그러면 내 이름과 직함에 따르는 책임과 위신, 인격까지도 알파고 같은 것들이 지켜줄 수 있을까?

빨리 달리는 길보다 쉬엄쉬엄 걷는 길이 더 평화롭고, 조금 불편하드라도 정감 있게 사는 것이 더 행복한 삶이 아닐까?

그런데 바로 엊그제 남이 만들어준 내 명함 한 통을 또 받았다. 거기 새겨진 직함은 '강남문인협회 부회장'이었다. 고맙기도 했지만 그보다 먼저 쑥스럽고 미안하였다.

그래도 앞으로 얼마 동안은 명함의 효용가치가 있을 터이니 충실하게 지녀야겠다. 이번만은 새로 만나는 사람들에게 부지런히 명함을 내밀어, 전처럼 남아서 버리는 일이 없도록 해야 하겠다.

아마 혹여 네 번째 명함을 만드는 일이 생긴다면, 이번에는 내 손으로 만들어야 하지 않을까 싶다. 아무런 소속도 직함도 없이 이름과 전화번호와 이메일 주소만 단정하게 적힌 명함을 내밀면서 '저를 기억해 주세요!'라고 말하듯이 정중히 내밀 것이다.

안 씨安氏

나는 안 씨를 좋아한다. 그를 처음 만난 지도 어언 3년이 넘었다. 우리는 헬스장에서 처음 대면했는데 일주일에 적어도 사나흘, 잦으면 대엿새쯤 보는 셈이다. 운동하면서 마주치는 사람이 한둘이 아니므로 특별히 어느 누구에게 관심을 가지는 것은 쉬운 일이 아니다. 운동을 하러 왔으니 주위 사람들을 눈여겨볼 마음도 시간도 없으니까.

그런데 내가 왜 안 씨를 주목하고 그를 좋아하게 되었는지 곰곰이 생각해 본다.

그는 나보다 적어도 20년은 젊을 것으로 짐작되는 중년의 사내다. 몸집도 왜소하고 인상도 첫눈에 호감을 느낄 만한 인물은 아니다. 더구나 교양미나 지적인 품격을 지니고 있는 것도 아니다. 그리고 날마다 헬스장에 다니면서 건강

관리에 힘쓸 만큼 시간적으로나 경제적으로 여유가 있어 보이지도 않는다. 그래도 안 씨는 누구보다도 열심히 운동을 한다. 아마도 나는 그 성실한 모습을 보고 호감을 가지게 되었을 것이다.

그냥 쉽게 '헬스장'이라고 하지만 헬스장도 천차만별이다. 회원권이 수천만 원 넘는 곳이 있는가 하면, 매달 기십만 원의 회비를 내야 되는 곳도 있다. 내가 다니는 곳은 동네 주민지원센터 건물에 조그만 규모로 마련된 운동공간이다. 공간이 좁고 설치된 운동기구도 많지 않으나 나 같은 사람이 운동하기엔 크게 불편하지 않다.

우선 우리 집에서 걸어서 10분이 채 걸리지 않는 거리에 있다. 그뿐만 아니라 경로우대로 월회비도 절반만 받으니 감지덕지 다닐 수밖에.

많은 사람이 각기 자기 생활패턴에 맞는 시간을 선택하기 때문에 일정한 시간대가 아니면 똑같은 사람을 자주 만나기는 어렵다. 나는 가장 한가로운 시간대인 점심시간 이후, 퇴근시간 이전의 시간을 택하여 운동을 한다.

안 씨는 헬스장과 바로 이웃한 교회에서 아침 8시부터 오후 4시까지 일하고 퇴근하는 길에 들른다고 하니까 나와 거의 매일 마주치게 되는 셈이다.

만나고 얼마 되지 않아서부터 그가 나를 '어르신'이라고 불렀다. 처음 그 호칭을 들었을 때 나는 무척 거북스러웠지만 점차 친근해지면서 마음 편히 생각하기로 했다. 그는 아마 그럭저럭 이름 없이 늙어가고 있는 나를 '아저씨'나 '형씨'로 부르기가 불편하고, '어르신'이라고 부르는 것이 우대해 주는 일이라 생각했을 것이다.

그는 일정한 직장이 없이 건축 공사장으로, 막노동판으로 날품을 팔고 다니다가 교회에서 일하게 된 지 3년쯤 되었다고 한다. 교회에는 별로 힘든 일이 없고 전보다 안정되고 규칙적 생활을 할 수 있으니 좋다고 하였다. 아침 일찍 출근하려니 아침 식사는 못하지만 점심은 교회에서 얼마든지 공으로 먹을 수가 있고 이렇게 퇴근길에 운동까지 할 수 있어서 다행이라며 자기 사정을 스스럼없이 털어놓았다. 현재의 처지에 고마워하면서 행복스러워하는 그의 모습이 나는 마음에 들었다.

아마 그는 어려서부터 운동을 좋아했을 것이다. 철봉을 하는 것을 보면 얼마나 날렵하게 잘하는지 나는 그의 흉내조차도 낼 수가 없다.

몇 가지 자기 마음에 드는 운동을 매일 꾸준히 하는 걸 보면 건실한 사람이라는 걸 알 수 있다. 그는 항상 밝은 표정을 지니고 인사를 잘한다. 헬스장에 들어오면서 낯익은 사람들에겐 반드시 먼저 인사를 한다. 혹 대면이 안 되는 사람에게는 가까이 다가가서까지 인사를 하고, 운동을 끝내고 나갈 때에도 그렇게 한다.

그전에는 흔히 품삯을 떼인 일도 있었는데 이젠 교회에서 정기적으로 월급을 받으니 저축을 할 수 있다고 하였다. 매일 신문을 꼼꼼히 읽고 자기 뜻에 맞지 않는 일들에 대해선 예리한 촌평도 마다하지 않는다. 때론 사회적 관심사를 두고 갑론을박하는 일들에 대하여 나의 견해를 떠보기도 한다.

가만히 살펴보건대 그의 판단은 대부분 정확하고 올바르며, 편견이 없다. 생활이 조금만 궁핍해도 자기의 가난이 남의 탓이라 생각하면서 불평불만을 토로하는 게 보통인데 그에게서는 전혀 그런 점을 찾을 수가 없다. 오히려 정부에서 시행하는 보편적 복지정책에 대해 나라의 장래를 걱정하는 우국 지사적 면모를 보이기도 한다.

그와 얘기를 하다보면 어느새 그의 순박하고 가식 없음에 동화되어 나도 모르게 잃어버린 천진성이 회복되는 듯한 느낌을 갖게 된다. 그를 만나면 언제나 반갑고 정겹다.

나의 모습이 보이지 않는 날이 혹 며칠이라도 생기면, 내가 그를 걱정하는 것처럼 그도 나를 염려한다고 한다.

내가 걱정하는 것은, 신분 보장을 받지 못하는 처지에 있는 그가 하루아침에 실직이라도 하지 않았을까 하는 걱정이요, 그가 걱정하는 것은 행여 내가 병이라도 앓고 있지 않나 하는 염려일 것이다. 힘에 부친 운동도 그와 함께하면서 농담을 주고받으면 나는 힘든 줄을 모른다.

안 씨와 같은 처지에 있는 사람은 많을 것이다. 그러나 안 씨처럼 생각이 온건하고 행동이 바른 사람은 그리 많지 않을 것이다. 안 씨 같은 사람들과 더불어 편안하게 정을 나누면서 영육 간에 평화롭고 진실한 생활을 지속하는 것이 나 같은 보통사람이 누리는 행복이 아닐까 한다.

에스프레소espresso

'바리스타(barista)'란 단어를 내가 처음 들어 본 것은 아마 40여 년 전 일일 것이다. 소위 '양촌리 다방'에서 에그 커피나 쌍화차를 즐겨 마시던 시절에는 바리스타가 원두커피를 끓여준다는 말은 들어보지 못했다.

술을 좋아하던 P 교수는 취기가 거나해지면 불란서로 유학 보낸 딸 이야기를 꺼내곤 했다. 그 딸아이가 아르바이트를 하려고 '바리스타인지 뭔지' 하는 일을 배우고 있다는 것이었다. 그때는 바리스타란 말이 무슨 뜻인지, 어떤 직업을 말하는지도 모르고 막연히 짐작을 하면서 들었다. 처음에는 자랑하는 말인가 생각했더니, 몇 번 듣다보니 꼭 그렇지만은 않은 것 같았다. P 교수는 오히려 매우 수치스럽게 여기고 있는 것이 아닌가 싶었다.

천리타국에 유학을 보낸 딸아이가 겨우 음료조리를 하는 서비스 업종에서 일하면서 커피 시중이나 하고 있다는 사실을 쉽게 용인할 수 없었던 것 같다. 더구나 P 교수는 유별난 선비의식을 지니고 있었고, 유학 보낸 그 딸을 특별히 애지중지한다고 하였다. 그 시절 대학 교수의 봉급으로 유럽 유학생 자식을 둔다는 것은 언감생심 엄두도 못 낼 일이었다.

요즈음 소위 커피전문점이란 곳에는 으레 바리스타가 한 사람쯤 있다고 한다. 그 P 교수의 딸은 지금 어디서 무얼 하고 사는지 불현듯 궁금해진다. 요즈음 이름 있는 바리스타는 상당한 대우를 받는다는데, 그때 배웠던 그 기량을 잘 활용하면 아마 그녀는 지금쯤 우리나라 제일의 바리스타로 각광을 받고 살 수도 있으련만, P 교수도 타계하고 말았으니 알 길조차 없다.

며칠 전 우리 내외가 제자들에게 점심 대접을 받고 그들이 자주 다니는 커피전문점으로 함께 갔다. 졸업한 지 오랜 세월이 지난 50대 후반의 제자들이 가끔 우리 내외를 불러내어 이런저런 세상 사는 이야기도 하면서 점심을 함께 먹곤 한다.

그날따라 짙은 커피 향내가 이국정서를 자극하는 듯한 분위기를 만들었다. 메뉴판에 보이는 커피의 종류는 헤아릴 수 없을 만큼 많았다. 그 가운데 어느 것을 고를지 몰라 망설이다가 평상시 맛보지 못한 커피를 시키고 싶었다. 주욱 커피 이름을 훑어내려 가는데 '에스프레소'라는 썩 매력적인 이름이 눈에 띄었다. '옳다.' 하고 그걸 시켰더니 제자들의 표정이 약간 의외라는 듯 심상치 않았다. 속으로 '앗차!' 싶었지만 한 번 내친김이니, 모르는 체 버티기로 했다.

한참 있다가 가져온 것을 보니, 웬걸 다른 사람들 앞에 놓인 찻잔과는 달리 내 앞에 놓인 커피 잔은 유난히 작았다. 마치 옛날 장 종지 비슷한 조그만 잔에 진한 홍삼 엑기스와 흡사한 것이 조금밖에 들어 있지 않았다. 남들은 커피 잔을 들어 유연히 마시는데 나는 어찌할 줄 몰라 머뭇거리지 않을 수 없었다. 주위를 곁눈질하며 망설이다가 잔 곁에 놓인 티스푼으로 조금 떠서 입에 넣었다가 소스라치게 놀라 엉겁결에 비명을 지르고 말았다.

무슨 커피 맛이 그리 쓰고 독하게 혀를 자극하는지 도저히 참을 수가 없었다. 이런 내 모습을 본 일행은 드디어 폭소를 터뜨렸다. 미리 일러주고 싶었지만 내가 무안해 할까봐 그냥 두고 보았노라고 실토를 하였다. 데운 물로 희석을 해서 두 컵을 더 만들어 마셔도 소태맛인 것을 모르고 함부로 잘난 체하려다가 망신을 당한 것이다.

나중에 안 사실이지만, 에스프레소는 커피 원액으로 여기에 무엇을 첨가하느냐에 따라서 아메리카노가 되기도 하고, 카푸치노 또는 라떼가 되기도 한다는 것이다. 그 집의 바리스타는 제법 커피 맛을 알고 있는 마니아가 온 줄 알고 아마 정성을 들여 에스프레소를 만들었을 것이다. 그런데 내 입안에 남아 있던 그 쓴맛의 자극은 점차 약화되어 고소한 뒷맛으로 변하면서 커피향의 여운과 함께 상쾌한 기분을 느끼게 하는 조화를 부렸다. 에스프레소는 이런 맛에 길들여진 커피광들이 즐기는 커피 진액인 것이다.

이렇게 말하다 보니, 내가 제법 커피를 즐기는 생활을 하는 것처럼 오해를 받을지도 모르겠다. 솔직히 고백하거니와 나는 커피를 별로 좋아하지 않는다. 어쩌다 분위기에 어울리느라 한두 잔이라도 마시고 나면 뱃속이 편치 않는 순토종의 체질이다. 하루에 두어 잔의 커피는 치매 예방에도 도움이 된다기에 가능한 한 순한 커피라도 마시려고 노력하지만, 나의 체질은 쉽게 순치되지 않는다.

가끔 외식이라도 하는 날, 식후에 마시는 한 잔의 커피는 입맛을 개운하게 해 주어서 좋다. 비가 오거나 눈이 내리는 날, 또는 무슨 일이 손에 잡히지 않고 마음이 뒤숭숭할 때, 때론 음악을 들으면서 홀로 마시는 한 잔의 커피는 인생의 우수를 더욱 짙게 해주어서 좋다.

그러나 요즈음 마치 유행처럼 길거리마다 커피집들이 날로 늘어나고 있는 현상은 별로 유쾌하지 않다. 한 집 걸러 또 한 집, 제각각 유명한 프랜차이즈 커피전문점임을 내세우면서 호화로운 인테리어를 과시하고 있는 거리를 지날 때면, 괴리된 감정의 골이 깊어지고 있는 듯한 느낌을 지울 수 없다. 커피의 향내에 어울리지 않게 우울하고 둔중한 삶의 무게를 느끼는 것이다.

잡초에 관한 변설

'잡'이라는 글자가 붙으면 별것 아니라는 것, 별것 아니기 때문에 대접을 하지 않아도 괜찮다는 의미가 된다. 잡문, 잡동사니, 잡놈, 잡식. 잡념 등등.

풀도 이름을 모르면 싸잡아서 '잡초'라고 한다. 이름을 모른다는 것은 관심이 없다는 것인데 농사를 짓는 이들이나 식물학자들은 나같이 무심한 사람을 무식하다고 할 것이다. 풀이라고는 하지만 나름대로 고운 꽃까지 피우는데 잡초라고 불리니 억울할 것이다.

오래 내박쳐 둔 밭뙈기가 있는데 그냥 둘 수 없어서 가보았더니 잡초들만 허리춤까지 우거져 남들이 무어라 할까 부끄럽기도 하고 심란하기도 하였다. 그러나 이것들을 어떻게 없앨 것인가 엄두가 나지 않아서 손에 잡히는 대로 낫을 휘둘러 베어버리기도 하고 뿌리째 뽑아서 내던지기도 하였다. 그중에는 개똥쑥도 있고, 민들레, 개망초, 바래기, 질경이, 명아주, 엉겅퀴, 환삼덩굴 따위도 뒤엉켜 있었다.

민들레는 이미 꽃이 지고 씨앗이 맺혀 있는데 마치 솜 같은 깃털을 펴고 바람에 날아오르는 모양이 가관이었다. 그들이 다른 곳에 피어 있었다면, 나는 아마 아름다운 풍경을 감상하는 사람처럼 찬탄했을 것이다.

문득 언젠가 버스를 타고 달리면서 구경했던 민들레 군락지와 개망초 군락지를 떠올렸다. 그 땅의 임자는 포기하고 버려 둔 것일까? 지나가는 사람들 구경이나 하라고 일부러 내놓은 것은 아닐 것이다. 내가 그랬듯이 다른 사람들도 민들레와 개망초꽃을 감탄하며 바라봤을 것 같다.

내 땅에서 자란 것은 잡초고 남의 땅에서 자란 것은 풍경이 된다는 것은 가치전도며 모순일 것이다. 그렇지만 그 씨앗이 내년에 또다시 우리 밭에 뿌리를 내리고 영역을 넓히리라 생각하니 기가 막혔다.

앉은뱅이 꽃은 햇볕도 잘 들지 않은 땅바닥에 엎드리다시피 피어 있었다. 그 모양이 너무 앙증맞고 색이 고와서 차마 베어버리지도 뽑아버리지도 못하였다.

개똥쑥은 민들레와 개망초 사이에서 자라서인지 덩달아 키가 우뚝 솟아 있었다. 요즈음은 성인병에 좋다하고 한약재로서도 가치를 인정받고 있어서 버리기가 아까웠다. 정성을 들여서 재배하려고 씨를 뿌린 것들은 잘 자라지 못하는데 심지도 않고 뿌리지도 않은 것들은 왜 이렇게 무성할까. 어떻게든 해보려고 열성을 다 하는 일들은 제대로 되지 않고 뜬금없는 일들이 터져서 사람을 귀찮게 하는 것 같다.

사람들이 뒤엉켜 사는 이 세상일들은 어쩌면 내 뜻대로 되는 것보다 안 되는 일들이 더 많은 것 같다. 나는 명분과 명예를 중시하는데 상대편은 실속과 실리를 중시하는가 하면, 나는 먼 앞날을 생각하는데 그는 바로 눈앞의 현실을 더 생각하기도 한다. 나는 정의라 믿는데 그는 불의라 생각하고, 나는 정도라 판단하는데 그는 비도라 비난한다.

이렇게 서로 지향하는 목표나 목적이 다르고 중시하는 가치 기준이 다르기 때문에 서로 부딪치고 다투기 마련일 것이다.

내가 뽑아 없애버리려고 하는 저 잡초들 가운데에는 남들이 중시하는 쑥이나 씀바귀나 인동초 같은 것들이 들어 있다. 남들이 중시하는 약초와 나물들을 나는 함부로 싸잡아 '잡초'라 부르고 제거하려는 것이다. 그러나 어쩌랴, 그것들은 내가 바라는 바가 아닌 것을.

보리밭에 밀이 나거나, 밀밭에 보리가 나도 잡초로 취급되는 것은 한가지이다. 경작자의 목적과 의도에서 벗어나는 것은 잡초로 취급되어 제거 대상이 되는 것이다. 생명을 창조하신 창조주는 모든 생명체의 존재가치를 중시하고 서로 어울려 사는 것을 근본이념으로 하였을 것이다. 그러나 만물의 영장이라 자처하는 인간은 자기영역을 주관하는 데서 절대자로서의 권능을 행사하고 있으니, 이를 약육강식의 자연이법이라 할 것인지 강자의 폭거라 해야 할 것인지 모르겠다.

지루하게 내리고 있는 장마철 비 때문에 전혀 돌아보지 못한 밭에는 지금쯤 잡초들이 또 그 왕성한 생명력으로 자라나 나를 압도하려 들 것이다.

저 작은 새

우리 아파트 베란다에 가끔 이름 모를 새 한 마리가 날아와 놀다가곤 했다. 꼭 해 질 녘이면 그렇게 찾아왔다. 참새처럼 작고 연약하고 앙증스러운 것이 무엇을 찾는 듯 두리번거리기도 하고 종종거리기도 하다가 어디론지 사라져 버렸다.

왜 먹을 것도 없는 고층아파트 베란다 난간까지 날아왔을까, 처음에는 의아한 생각이 들었으나 아마 가까이 있는 산에서 잠시 마실 나온 것이겠거니 했다. 그러나 꼭 잊어버릴 만하면 한 번씩 날아와서 쉬었다 가기를 반복하는 동안 모이라도 줄까, 혹시 깃들일 처소가 마땅치 않아서 그런 다면 조롱을 사다가 매달아 주어야 할까 하는 생각도 했었다.

이 집에 이사해서 며칠 되지 않은 어느 날 밤 꿈이었다.

베란다에서 침실을 들여다보는 사람이 있었다. 얼굴은 선명히 보이지 않았지만 문득 그가 J라는 생각이 들었다. J라고 생각하는 순간 나는 온 힘을 다해서 그에게 무슨 말인가를 해야 한다는 생각으로 몸부림을 치다가 꿈에서 깨어났다. 그 날 이후로 나는 까마득히 잊고 있었던 J를 자주 생각하게 되었다. 그래선지 베란다에 날아오는 그 새가 어쩌면 J의 현신인지 모른다는 생각을 했다.

J는 나와 동년배로 한 마을에서 같이 자라면서 초, 중등학교와 대학을 함께 다닌 친구다. 사교적인 성격으로 두뇌가 명석한 그는 입담도 좋아서 친구들 사이에 인기가 높았다. 그의 집은 우리 마을에서도 살림이 넉넉한 부농에 속해 있었으므로 나는 가끔 남모를 거리감과 자격지심을 느꼈지 않았나 싶다.

그는 명동에 있었던 '돌채'니 '세씨봉'이니 하는 음악 감상실, 다방, 술집 등을 출입하고 양담배도 즐겨 피우면서 세련되고 폭 넓은 인간관계를 형성하고 있었다.

그는 서울에서 만난 명문가의 한 여대생을 좋아하게 되었는데 여의치 않은지 나를 만나면 가끔 고민을 털어놓기도 했다. 열정적 연서로, 여러 가지 선물로 퍼부었던 애정 공세에도 불구하고 그의 사랑은 끝내 이루어지지 못하고 말았다. 그 후 그는 목표도 없이 아무렇게나 살아가는 듯했다.

J는 키를 잃은 돛배처럼 오랫동안 방황하였다. 결국 대학 졸업도 제때에 하지 못하고 군복무도 마치지 못하여 오래 실직상태로 지냈었다. 그러나 낙천적인 그는 그런대로 결혼도 하고 자식도 낳아서 가정을 꾸려 살고 있는 것 같았다.

나는 나대로 눈앞의 현실을 헤쳐 나가기에 바빴고, 서로가 고향을 떠나 객지로 떠돌다보니 우리는 예전처럼 자주 만날 수 없는 사이가 되었다. 그러다가 나는 청천벽력과 같은 그의 부고를 받았다. 우리들 나이 겨우 30대 중반을 넘긴 어느 날이었다.

나는 그가 얼마나 어려운 삶을 살았는지 그가 죽은 후에야 알았다. 젊은 날 한때의 잘못된 판단으로 시작된 사랑이 어떻게 이런 비극적 종말을 불러올 수 있는지 믿을 수가 없었다. 나는 그의 죽음이 도저히 믿기지 않았다. 그가 불행하게 된 책임의 일단이 내게도 있으리라는 자책 때문에 괴로웠다.

나는 한동안 젊은 대학생들 앞에서 청춘의 존귀함을 강조하면서 '사랑학' 강의에 열을 올리곤 했다.

청춘이 아름다운 것은 높은 이상과 더불어 그것을 실현할 수 있는 열정과 순수성이 있기 때문이다. 사랑은 청춘이 이루어내야 하는 고귀한 과업이지만, 그것은 또한 용감한 자의 소유물이기도 하다. 그러나 사랑에 목숨을 걸지는 말아라. 그것은 칼날의 양면과 같아서 잘못 다루면 흉기가 될 수 있다. 때로는 혹 실패하더라도 그 경험은 훗날 더 비옥한 인생을 가꾸는 자양분이 될 수도 있는 것이다.

나는 열변을 토하면서 친구 J가 왜 실패했을까 학생들에게 교훈 삼아 이야기하곤 했다. 그러다 어느 날인가 문득 그에게 미안하고 죄스런 생각이 들었다.

“친구여, 미안하다. 네가 걸어간 불행한 인생역정을 내 제자들이 반복하지 않기를 바라기 때문이다. 이것이 나의 오만이라면 용서하라. 이젠 다시 네 말을 하지 않으마.”라고 나는 마치 살아 있는 사람에게 말하듯이 약속하였다.

30대의 빛나는 나이에 뛰어난 재능을 발휘해 보지도 못한 채 총총히 이승을 하직한 그가 한 마리 작은 새로 화신했는지 모를 일이다. 새가 되어서 내 집 베란다에 날아와 내 삶을 엿보는 것이 아닌지 모르겠다. 친구를 일찍 보낸 내 의식의 심층부에 그의 애석한 삶에 대한 안타까움이 오래 잠재되어 있는 것은 아닐까?

저물 무렵 홀로 날아와 두리번거리다 날아가는 이름 모를 저 작은 새가 내 마음에 자꾸 걸리는 것은 어쩔 수가 없다.

3부

무슨 나무로 서 있을까

다시 돌아가지 않으리
우회迂回
무슨 나무로 서 있을까
나이테
남아 있는 시간
버리고 간다
아버지의 바다
멀리 있는 것은 그립다
표류하는 삶
파도를 넘어

다시 돌아가지 않으리

오랜만에 전주에서 하룻밤을 머물렀다. 전주를 떠난 것이 벌써 40여 년이나 되었다. 전주에서 서울로, 서울에서 다시 광주로 옮겨 다니면서 전주가 늘 고향처럼 그리웠다.

지난달 열린 ≪수필과 비평≫사의 연례행사에 문득 참석해야겠다고 마음먹게 된 것도 개최지가 전주였기 때문일 것이다. 하룻밤을 머문 관광호텔이 바로 다가교 부근에 있어서 내 오랜 추억을 불러일으키는 데에 한몫하였다.

그간 전주에 여러 번 들르기도 하고 머물기도 하였지만 그때마다 바쁜 일정에 쫓겨 마음의 여유를 가지고 둘러볼 수가 없었다.

밤늦게 잠들어 새벽 네 시경에 깨었으니 아직 피곤이 덜 풀렸는데, 잠이 더 올 것 같지도 않았다. 일정상 여섯시 반부터 아침 식사를 하고 일찍 남원으로 떠나야 하기 때문에 마음 놓고 잠을 더 청하기도 어정쩡하였다. 두 시간 정도의 여유시간을 어떻게 보낼까 생각하다가 불현듯 산책하고 싶은 마음이 일었다.

눈 덮인 전주천변과 다가공원 일대의 새벽 풍경은 안온하고 평화로운 옛날 모습 그대로였다. 다가교의 폭이 더 넓어지고 천변의 건물들이 더 웅장한 겉모습을 띠고는 있으나 다행히 옛날의 경관은 대부분 남아 있었다. 마음으로는 다가공원에 올라가서 좀 더 멀리 완산동과 풍남동 일대를 차분하게 내려다보고 싶었으나, 눈길이 미끄러워 구두를 신고 경사길을 오를 수가 없어서 신흥고등학교 교정으로 발길을 돌렸다.

전주신흥고등학교, 이곳은 내 젊은 날의 가장 청청하던 시절 5년을 불태운 곳이다. 대학 졸업 후, 20대 후반부터 30대 초반을 여기서 보냈다.

나는 청년 교사였고 갓 결혼한 새신랑이었다. 바로 이웃해 있는 기전여자고등학교에 근무하던 아내와 을씨년스러운 신접살림을 전주에서 시작했었다. 신혼생활에 필수불가결한 생활 용구 이외에는 벽면 가득 쌓아놓은 책밖에는 아무것도 없는 방에서, 우리는 집들이도 하고 첫아이의 돌잔치도 했다. 무엇이 우리를 그토록 주눅들지 않고 당당하게 했는지 모르겠다.

나는 월부로 사들인 삼천리 자전거를 타고 출근했었다. 요즈음 고가의 외국산 고급승용차를 타고 출근한다고 해도 휘파람을 불면서 전주천변을 달리던 그 때의 내 기쁨만은 못할 것이다. 학생들의 시선을 받는 것이 쑥스러워, 우리는 되도록이면 나란히 출근하지 않으려고 했고 함께 나가다가도 일부러 떨어져 걷곤 했다.

전주는 조용하고 깨끗하고 그리고 평화로웠다. 5월이면 다가산 기슭에서 아까시 향기를 실은 봄바람이 전주천을 타고 흘러내렸다. 여름철 무더운 밤이면 매곡교 근처로 슬슬 바람 쐬러 나갔다가 들어올 때는 과일이나 채소를 떨이로 사 나르곤 했다. 청학루에서 들려오던 가야금이나 거문고 소리가 얼마나 아름답고 현묘한 음악인지 그때는 미처 모르고 살았었다.

해마다 열렸던 각 학급대항 찬송가 경연대회, 그 때 너무나 능숙하고 매력적인 모습으로 지휘를 하여 나를 매료시켰던 이윤선 선생은 지금 어디에서 살고 있을까?

나는 눈 속에 파묻힌 새벽 교정을 거닐면서 비로소 내가 얼마나 아름다운 도시에서 살았던가, 내가 얼마나 훌륭한 학교에서 근무했던가를 새삼스럽게 깨달았다.

옛날 교사가 서 있던 자리와 건물들의 배치나 외양도 전과 많이 달라져 있었다. 예배당만 새 모습으로 그 자리를 지키고 있을 뿐. 이것은 본관일 것이요, 이것은 도서관, 아이것은 '신흥백주년 기념관'. 전에는 없었던 건물이지. 본관 현관에 켜 놓은 불빛만 낯선 방문자의 발길을 비쳐주고 있었다.

나는 여기저기를 기웃거려 본다. 이러다 숙직 교사라도 나타나 누구냐고 물으면 무어라고 대답할까, 잠깐 망설여진다. '옛날 이 학교에서 근무했었습니다.'라고 해야겠지. 그러나 그렇게 대답한다 하더라도 그 말이 내 진실과는 너무나 동떨어진 것처럼 싱겁고 무의미할 것 같았다. 그 시절 선생님들은 지금쯤 다 정년퇴임하였을 것이고, 그 후배의, 아니 그 제자의 제자들이 선생님이 되어 있을 것이다. 소담스런 눈송이가 흩날려 눈앞을 가리는 새벽 텅 빈 교정을 돌아 나오면서도 아주 쓸쓸하지만은 않았다.

언뜻 ≪파우스트≫가 생각난다. 고독한 만년을 보내던 괴테는 '파우스트' 박사를 통하여 자기가 살아온 덧없는 인생을 보상받고 싶었는지도 모른다. 그러기에 악마의 신 메피스토펠레스에게 자기의 영혼을 팔아 다시 젊은 날로 돌아갔던 것이 아닌가.

내가 만일 다시 젊은 그 시절로 되돌아갈 수 있다면 어떻게 살까? 좀더 만족스럽게 살 수 있을까? 혹 그럴 수 있을지도 모른다. 그러나 그때는 최선을 다하였고, 근면하고 성실하게 사는 일에 몰입했었다. 그러나 오늘날까지 쌓아온 나의 안정과 평화의 탑을 허물어 버리면서까지 불확실한 도

전만이 기다리고 있는 젊음을 다시 찾고 싶은 마음은 없다. 설령 환희와 열정과 사랑이 넘치는 젊음일지라도.

지난 시절들은 기억 속에서 아름답다. 때로는 방황과 번뇌, 불면의 밤들이 있었고, 눈앞을 가늠할 수 없는 어두운 터널 속을 헤매던 날들도 있었지만, 훗날 생각해 보면 다 의미 없는 과거가 아니었음을 깨닫곤 한다.

우회迂廻

나는 주변 사람들로부터 길눈이 어둡다는 말을 자주 듣는 편이다. 남들은 잘 기억하고 찾아가는 길을 나는 왜 늘 헛짚고 헤매는지 모르겠다.

엊그제 있었던 일도 예외가 아니다. 새로 이사해온 지 반년이 넘었는데도 아직 이 마을에 마음을 붙이지 못하고 서성이고 있는 것은 아마도 마음에 드는 등산로를 발견하지 못했기 때문이 아닌가 싶다. 그래서 휴일만 되면 이리저리 궁리를 하고 여기저기 묻곤 한다.

지리적으로 보면 남한산성이나 청계산 같은 좋은 등산코스가 가깝게 있다. 그러나 내가 찾는 것은 거창한 '등산길'이 아닌, 그저 아무때나 손쉽게 접근할 수 있는 '오솔길'이다 .

특별한 준비를 할 것도 없이, 마음 내키면 언제라도 가벼운 마음으로 찾아갈 수 있는 아늑하고 조용한 산길. 가능한 한 사람들의 번쇄한 발길이 닿지 않는 곳. 약간 경사진 등성이에 맑은 개울물이라도 흐르는 길이면 더욱 좋을 것이다.

'인간도처유청산人間到處有靑山'이라더니, 엊그제 집에서 가까운 등산길을 드디어 알게 되었다.

정상에 올라보니 산은 별로 높지 않으나, 분당과 용인 일대가 눈 아래 펼쳐져 보이고, 야트막한 산등성이들이 정다이 드러나 보였다. '불곡산佛谷山'이라 부른다니, 아마도 이 산의 어느 골짜기에는 오래된 석불이나 사찰이 있을 것이다.

산에 오르는 길이 여러 갈래로 나 있었다. 이것은 분당으로 가는 길이요, 저것은 광주로, 그것은 죽전으로 가는 길이라고 가끔 간략한 표지판이 있기는 하지만, 분기점마다 있는 것은 아니므로 그 산길들을 다 기억하기는 그리 쉽지 않았다.

며칠 전 저녁나절에 모처럼 아내를 부추겨 함께 그 산길을 찾아갔다. 나 혼자 갔던 그 길을 찾아 그대로 간다고 했건만 도처에 나타나는 갈림길에서 여러 번 망설일 수밖에 없었다.

'이 길이던가, 아니 저 길 같은데. 높지 않은 산이니 가다가 어긋나면 다시 돌아오지.' 하는 마음으로 가보면, 막다른 길이거나 역시 다른 길이어서 되돌아오기를 두세 번 하고 나니, 사람 체면이 말씀이 아니었다.

궁여지책으로 정상을 향하여 난 가파른 길을 그냥 치달아 오를 수밖에 없었다. 그러다 보니 숨이 차고 힘겨워 산길의 고즈넉하고 오묘한 분위기도, 상쾌한 정기도 즐길 여유를 잃어버리고 말았다. 핀잔을 들은 탓도 있었지만, 내 스스로도 속이 상해 우울한 마음으로 서둘러 하산하고야 말았다.

인생의 도정에서 행로를 잘못 선택하는 경우도 많을 것이다. 등산길이나 여행길에서는 설혹 길을 잘못 들었을지라도 되돌아가면 되지만, 인생의 행로에서 이런 오류를 범한다면 문제는 그리 간단치 않을 것이다. 운명 그 자체가 송두리째 달라지거나, 아니면 예상할 수 없는 엉뚱한 방향으로 선회하게 될는지도 모른다.

지난 날 내가 만일 인생의 분기점에서 이렇게 헤매게 되었다면 나의 운명은 어찌되었을까?

되돌아보면, 인생의 갈림길이 여러 번 내 앞에 가로놓였었다. 그때마다 나는 진지한 마음으로, 운명을 선택하는 자의 마음으로 최선을 다했었다. 우리들은 지나온 삶을 흔히 운명이라고 말하는데, 글쎄 운명이라 해야 할지, 우연이나 요행이라 해야 할지 모르겠다..

로버트 프로스트(Robert Frost)의 시 「가지 않은 길(the road not taken)」에서처럼 나는 평탄한 길을 놔두고 가기 어려운 힘든 길을 의지적으로 선택했다. 그 때는 양자택일의 문제가 아니라 유일한 길이라 생각했다.

대학진학으로부터 대학원 진학, 중학교의 교사로 출발하여, 고등학교로, 대학으로 나아갈 수 있었던 것은 분기점에서의 선택이 신중했기 때문이라 여겨진다. 지난날, 우수사려憂愁思慮의 깊은 늪 속을 헤매면서 숱한 염원의 밤을 지새웠던 고뇌의 기억들은 이제 희미하기만 하다.

그러나 요즈음 추세로 보면, 하나의 전공으로 한 길로만 살아가는 세상이 아닌 것 같다. 이른바 '퓨전(fusion)'이라 하여 복수의 전공 지식을 융합하여 더 나은 물건을 만들고, 더 좋은 세상을 가꾸어 가는 시대가 된 것이다. 그러니 하나의 전공을 가지고 한 길로만 살아온 것을 결코 축복으로만 생각할 수는 없는 시대가 된 것이다.

주위 사람들의 부러움을 받으며 한국과학기술대학(KAIST)으로 진학하여 기계공학을 전공하던 우리 집 아이는 박사과정을 마치고도 갑자기 한의과대학에 입학하겠다고 하였다. 집안이 발칵 뒤집혔었다. 가장 격렬하게 반대하였던 것은 나였다. 나는 한 우물을 파지 못하고 내 자존심에까지 상처를 내는 것이 창피스러웠다.

그러나 그 애는 6년이라는 긴 세월을 우회하여 이제 한의원을 운영하고 있다. 그가 지난날 배웠던 공학지식이 한의학에 얼마나 도움이 되는지는 모르겠다. 아마 전혀 별개의 학문세계가 의외로 상호보족의 연관관계로 이어질 수도 있으려니 싶기도 하다.

공학도로서보다 한의학도로서 더 큰 보람과 행복을 느끼며 사는 것을 보니, 한편 그의 용기와 고집이 부러우면서 내가 주장하였던 것은 낡은 가치관의 소산이었구나 하고 반성이 된다. 그리고 한길로만 살아온 것을 축복으로만 생각했던 나의 삶이 오히려 단조롭게까지 느껴지기도 한다. 그러나 이제는 다시 돌아갈 수도 없는 인생길이다.

다음 주엔 불곡산에 다시 올라가 보아야겠다. 길눈이 어두워 몇 번 더 헤매게 되는 한이 있더라도 그 헤맴은 다음 번 등산에는 도움이 될 것이다.

무슨 나무로 서 있을까

작년 여름 93세의 장모님이 세상을 떠났다.

"내 무덤가에는 꽃나무를 많이 심어다오."

유난히 꽃을 좋아하던 고인은 입버릇처럼 당부해 왔다. 살아계실 때에도 미리 정비해 둔 묘소 자리에 자주 가서 흐뭇한 듯 근처의 나무들을 둘러보셨다고 한다.

세상을 떠나기 1년 전부터 정신이 조금 흐려지시더니 나중에는 딸도 알아보지 못하게 되었기 때문에 세세한 속 이야기를 나눌 수는 없었을 것이다. 그러나 "내 묘지 둘레에는 꽃나무를 많이 심어라."라는 말씀을 많이 하셨다.

장례식장에서 자식들은 '수목장'을 하면 어떻겠느냐는 말을 하였고 모두 찬성하였다. 이의를 제기하는 사람이 없어서 다행이었다. 이미 돌아가신 지 오래된 장인의 유골 가루와 함께 합장을 하듯이 묻고 배롱나무 세 그루를 심어 수목장을 지냈다.

아내가 아버지와 어머니를 소재로 이미 써 두었던 시들 중에서 2편을 골라 커다란 비석에 새겨서 큼직한 시비까지 세워놓으니 남향의 묘지는 아주 아늑하고 훌륭하게 되었다. 고인이 평소 진분홍색을 좋아하셨다니 여름 꽃인 배롱나무 진분홍 꽃으로 피어나심을 아마 좋아하시리라고 생각한다.

수목장이라는 말이 나온 것은 그리 오래되지 않는다. 유골의 가루로 하여금 나무의 거름이 되게 하는 장례이니 자연친화적이다. 그리고 좁은 국토를 묘지로 만들지 않아도 된다는 점에서 아주 찬성할 일이다.

양지바르고 경관이 좋은 명당자리에 호화로운 묘지를 꾸미고 크고 넓게 조상들을 모신 걸 보면 부러울 때가 많았다. 후손들이 잘사는구나, 화목하구나, 효심들도 좋은가 보다, 팔자 좋은 분들이구나 생각하면서 우리 조상들을 생각하기도 하였다.

묘지를 아무리 호화롭게 만들어 놓아도 사방으로 흩어져 사는 후손들이 때맞추어 찾아오지 않으면 아무 소용이 없다. 해마다 추석성묘를 하러 가는 자동차로 길이 막히고 때로는 그로 인한 교통사고도 생긴다. 성묘 인파는 미풍양속으로 가족애과 조상숭배의 풍경이어서 감동적이기도 하다.

그러나 몇 년이 지나도록 잡풀 속에 묻혀 있는 무덤도 적지 않다. 멀리 외국으로 나가 살거나 생업에 매달려 찾아갈 수 없는 자손들도 있을 것이다.

얼마 전 보건복지부에서 수목장 제도를 적극 검토하고 있다는 말을 들었다. 듣던 중 반가운 소식이다. 보건복지부에서 수목장을 법제화한다면 이제는 주검을 돈벌이 수단으로 악용하려는 사람들이 없어질 것이다.

나무박사인 김장수 교수가 경기도 양평에 있는 고려대 농업연습림의 한 참나무 아래 묻혔다. 사회 지도층에 있는 사람이 수목장을 한 일은 사회적 관심을 불러일으키기에 충분하다. 영국이나 독일 같은 나라에서는 이미 널리 시행되고 있는 제도라느니, 국토가 비좁은 우리나라에는 안성맞춤인 제도임에 틀림없다느니, 수목장은 시선을 끌게 되었다.

매장에 따르는 불편과 폐해가 이만저만이 아니어서 간편한 방법을 택하려는 생각들도 점차 늘어가고 있는 것 같다. 근래 들어 화장을 선호하는 추세로 전환되어 가는 것도 그 한 실례라 할 수 있을 것이다. 그러나 화장을 한다 하더라도 그 유골을 함부로 뿌려 버릴 수는 없는 일이다. 그것은 죽음을 욕되게 하는 일이기 때문이다.

장례제도는 민속신앙이나 전통의식과 연관되어 있는 것이기 때문에 쉽게 바뀌지 않는다.

수목장은 우리의 전통적 죽음의식과 잘 접맥될 수 있는 제도이다. 한 사람의 생명은 죽음으로써 영원히 종결되는 것이 아니라, 나무의 생명으로 전이되어서 오래 지속될 수 있다는 믿음을 주기 때문이다.

나의 장례도 수목장으로 해 달라고 하고 싶다.

수목장으로 하되 무슨 나무를 심어 달라고 해야 할까, 나무박사 김장수 교수는 나무의 생태를 잘 알기 때문에 참나무로 정했을 것이다. 그러나 나도 덩달아 그렇게 하기는 좀 그렇고, 아무래도 내가 좋아하는 나무로 정해 놓아야 할 것 같다. 상록수가 좋을까, 낙엽수가 좋을까, 꽃이 피는 나무가 좋을까, 잎이 고운 나무가 좋을까.

나무의 종류는 아직 정하지 않았다. 죽은 다음에도 다시 나무로 서 있게 된다면 그 사실만으로도 좋은 일이 아니겠는가. 종류는 따지지 말자, 하는 생각도 든다.

나이테

세상을 살아가면서 당면하게 되는 어려운 일들이 한두 가지가 아니지만, 근래에 와서 자주 느끼는 것은 '나잇값 하기'라는 생각이 든다.

특히 살기 힘든 세태를 반영하는 새로운 유행어 소위 '2 태백'이니 '38선'이니, '56도'니 하는 말들을 듣다보면 스스로 내 자신의 '나이'를 생각하게 된다.

내가 너보다 훨씬 위라느니, 너는 아직 올챙이라느니, 오뉴월 하루 볕이 어디냐느니, 서로 어른 행세를 하려고 겉으로는 우격다짐하는 척하지만 속으로는 아무도 나이를 들고 싶어하지 않을 것이다.

하기야 20대의 나이처럼 지루하고도 마디게 늘어가던 나이테도 있긴 있었다. 어서 대학을 졸업하고, 군대에 다녀와서 취직을 하고, 결혼을 해야지 하는 마음으로 조바심하던 시절. 어느 것 하나 확실하게 이름 지어진 것 없이 불안하기만 했던 시절의 나이테는 참으로 지루하고 더디게 늘어갔었다.

그러나 30고개에서는 내 집을 마련하기 위해서 허리띠를 조이면서 자녀를 낳고 길러야 한다. 원기 왕성한 30은 그 원기로 투쟁하듯이 살게 된다. 직장에서는 상사의 눈에 벗어나지 않으려고 최선을 다하면서, 막연하나마 자기 인생을 전망한다. 이 길을 계속 가야 할 것인가, 유턴하여 다른 길을 모색해야 할 것인가에 대해서도 깊이 고민하는 나이가 30대이다.

그러다 보면 어느덧 40이다. 공자는 40을 불혹이라고 하였지만 그것은 옛날 말이다. 어디에 혹하기에는 현실적인 문제가 40대의 어깨를 무겁게 짓누른다. 학비도 많이 들고 직장의 업무와 비중도 힘겹게 많아졌다. 연일 업무상의 접대로 술에 찌들어 들어오는 가장들은 40대부터다. 그래도 그런 일에 시달린다면야 복에 겨운 투정이다.

50이 되면 지천명은 지천명인데 포기에 가까운 마음이 된다. 분수를 알고 체념할 것은 체념해야 하는 때이다. 입시경쟁에 시달리는 것은 아이들이 아니라, 부모인 50대다. 예전 같으면 초로의 나이라고 하겠지만 요즘은 늙지도 젊지도 않은 나이. 이제는 정년도 얼마 남지 않았다. 인생이 허무하다는 생각을 하게 된다. 할 일이 가장 많은 고비에서 일을 놓아야 한다는 생각이 50대를 압박한다. 50대에 정년을 하고 새로운 일에 손을 대었다가 망하는 사람들이 하나 둘이 아니다.

이제는 60, 회갑연이라는 말이 없어졌다. 인생은 60부터라고 기염을 토하고 아이들은 짝을 만나 하나씩 떠나고 원치 않아도 할아버지 할머니가 되어서 늙은이 노릇을 해야 한다. 지하철을 공짜로 타기 싫어서 몇 달 동안 돈을 내고 탔다는 60대도 있는 걸 보면 그래도 그 나이에는 오기가 아직 살아 있다.

70을 고래희라 하는 말도 골동품이 된 지 오래지만

"그분 나이가 많아요. 70이나 되었는 걸요."

그런 말을 하는 걸 보면 많기는 많은 나이인가 보다. 언제 나이를 먹었는지 모르겠다. 이제는 하나씩 떠나는 사람들이 있다. 낙엽이 어디 가을에만 떨어지는가. 봄부터 계속 떨어지지 않던가. 그러나 낙엽은 역시 가을에 가장 많이 떨어진다.

전에는 80까지 사는 일을 부끄럽고 욕된 일로 생각했다. 그러나 지금은 그 나이를 우습게 안다. 앞으로 늙은이들만 많아지고 젊은이들이 줄어든다니 심각한 일이다.

요즘의 나이 체계는 혼란을 일으키고 있다. 스피드시대라고는 하지만 취업하기 어렵게 되자, 옛날 20대의 일들이 요즈음은 3-40대로 차츰 밀려나고 있다. 취업에 대비하기 위하여 일부러 휴학을 한 소위 대학교 5학년 6학년도 있다고 한다. 또 대학을 졸업하고도 자격증을 얻기 위하여 전문대학에 다시 입학하는 학생들도 있는 모양이다. 그럭저럭 하다가 40이 되고 차츰 거기 익숙해져서 결혼할 생각조차 없어지면 혼자 사는 삶을 즐기는 사람도 있고, 결혼을 해도 아이를 낳지 않고 단둘의 오붓함을 지속하려는 사람들도 있다.

세상은 어제가 옛날로 변하고 있다. 20을 약관弱冠이라고 했던 것은 이제 전설적인 얘기가 되었다. 30이 넘도록 공부를 하고 언제 '이립而立'을 할 것인가. 불혹不惑의 40에도 고시원에 엎드려 공부를 하고 이순耳順의 50이 되기 전에 퇴출을 염려해야 하는 시대가 되었으니 나잇값을 할 겨를도 없다.

평균수명이 길어져 팔구십 살은 거뜬히 살 것이며 120세까지도 바라본다고 하는데, 무작정 길게만 늘여 산다고 사람 구실을 할 수 있는 것은 아닐 것이다. 너나없이 건강에 관심이 많아지고 장수하려고 하지만 수명을 아무리 길게 늘인다 해도 창조가 없는 삶이라면 무슨 의미가 있겠는가.

전철이나 버스에서 청년들이 자리를 양보할 때면 마음 한편으로 쓸쓸한 생각이 든다.

경로사상을 고취하는 것은 아름다운 일이지만 나이만 많

다고 모두 존경받을 수 있는 것은 아니다. 나이라는 것이 각자 노력해서 얻어진 결과가 아니라, 자연의 섭리로 낡아 감(?)을 의미하기 때문이다. 원숙해진다느니, 경륜이 많아진다느니 하는 말들은 자위적인 췌사贅辭일지 모른다.

나는 여태 나이를 잊고 살아왔다. 젊은 학생들과 어울려 사는 삶이 나이를 착각하게 하고, 철이 덜 들게 하였을 것이다.

날렵한 몸매로 거침없이 보도 위를 달리는 젊은이들처럼 금년에는 인라인 스케이트를 배워야겠다 다짐하고 있는 것도 철이 아직 덜 든 때문일까. 읽고 싶은 책 쓰고 싶은 글들의 목록을 작성하고 지금부터 착수해야지 하는 생각을 하는 것도 과욕인지 모르겠다.

나이를 망각하고 사는 것이 좋을 것인지, '나잇값'을 해야겠다고 다짐하면서 사는 것이 지혜로울 것인지 아직도 판단하기 어렵다. 어중간하게 '생각은 젊게, 행동은 노숙하게' 하는 태도로 살면 어떨까? 그러나 모든 일이 그렇게 뜻대로 될 수는 없을 것이다.

평생 교단에서 살아왔기 때문에 '제 버릇 개 못 준다.'고 눈에 거슬릴 때마다 남을 훈계하려고 하는 버릇, 제 판단이나 행동은 옳고 남은 그르다는 생각으로 굳어진 사고는 쉽게 고쳐지지 않는다.

이제는 아이들이 자라서, 내 고루함과 견고함을 지적한

다. 우선은 듣기 싫어도 듣고 보면 의외로 괜찮은 경우도 있다.

삼인행 필유아사三人行 必有我師라 하였으니 사방에 나를 가르치는 스승이 있다는 것을 유념하련다.

이제부터라도 유연하고 겸손하게 처신해야겠다. 나의 판단이나 나의 행동이 언제든지 옳을 수는 없다는 생각으로, 아니 전혀 엉뚱한 오류를 저지를 수 있다는 생각으로 살아가야겠다. 그리고 나이테 하나가 늘어갈 때마다 그에 따를 만한 중량과 가치를 지닐 수 있는 삶을 살아야겠다. 그렇게 살아가는 것이 진정한 자신감이요, 여유로움일 것이다.

남아 있는 시간

나는 '아버지'라는 평범한 어휘에서 특별한 무게와 아픔을 느낀다.

지난 수십 년 동안 내 스스로가 '아버지'라 불리었고, 이제는 '할아버지'라 불리는 연륜에 이르렀지만, 막상 내 자신은 일곱 살 이후로 '아버지'를 불러보지 못하고 살아왔기 때문이다.

'아버지'라는 말은 아름다운 여운으로만 다가올 뿐, 그에 대한 추억은 별로 없다.

세찬 세월의 골짜기를 지나오는 동안 안온한 평화에 젖어 아버지를 회상해 볼 여유를 누리지 못했다. 나는 불행했던 유년과 연관된 '아버지'라는 말을 애써 외면하려고 했었다.

내 아버지는 너무나 젊은 삼십대의 나이로 비명에 가셨다.

아버지는 해방 직후 혼돈의 시대에 사업에 손을 대었고 그것이 재앙의 빌미가 되었다. 일본에서 돈을 많이 벌어왔다는 한 선장 출신 교포의 유혹에 빠져 그가 타고 온 낡은 상선을 사서 부산행 유통업을 하다 불귀의 몸이 되고 말았던 것이다.

아버지의 시신은 찾을 수도 없는 형편이었다. 어머니는 그때 네째 아이를 임신한 몸으로 거의 실성하여 밤낮 집밖으로 뛰어나가 온 마을을 휘젓고 돌아다녔다. 수많은 점쟁이들을 찾아 씻김굿을 하고, 아버지의 넋을 건져 올려 빈 무덤(虛塚)을 만들었다.

그러나 죽음에 뒤따르는 일들은 그것만이 아니었다. 사업으로 벌여놓았던 일들의 뒤처리로 온 집안이 쑥밭이 되다시피 하였다. 아직 철도 들기 전에 나는 마음속 깊이 새겨진 수많은 상처 때문에 말을 잃은 내향성의 아이가 되어가고 있었다. 아버지의 추억을 되새긴다는 것은 내게 있어 일종의 사치스러운 한가로움으로 생각되었기 때문에, 어쩌다 아버지의 생각이 떠오를 때면 애써 외면하려고 노력했었다.

아버지의 추억은 무엇 하나 선명하게 연결되지 않는다. 부스러기 같은 조각들만 내면의식 깊숙이 자리하고 있다가 어느 순간에 영화의 한 장면처럼 불쑥 나타났다가 이내 사라질 뿐이다.

아버지는 고향에서 소학교를 졸업하고 지방에는 몇 군데밖에 없던 고등보통학교를 졸업하셨다. 학창시절에 받았던 상장들과 성적통지표를 보면 뛰어나게 우수한 성적의 모범생이셨던 것 같다.

아버지의 유품으로 테니스 채와 콜롬비아라는 상표의 축음기가 있었으나 지금은 언제 없어졌는지 모르게 없어져버렸다. 몇 십 년의 질곡 속에 살림살이가 소용돌이치는 동안, 지금까지 남아 있는 것은 졸업 당시 도지사로부터 받은 큰 사전 두 권과 문학서적 몇 권뿐이다.

유품을 오래 잘 간직한다는 것은 보통의 정성과 노력이 아니고는 불가능하다.

나는 아버지의 아카데믹한 면모를 매우 자랑스럽게 생각하고 그런 면들을 본받으려는 무의식적 노력을 하였던 것 같다. 눈앞의 현실보다는 이상을 추구하려고 안간힘을 썼던 점, 어려운 환경에서도 학문을 하려고 발버둥을 쳤던 일, 생각하면 이런 일들도 아버지의 영향일 것이다.

아버지의 사진 가운데 말을 타고 찍으신 것이 여러 장 있는 걸 보면, 특히 승마를 즐기셨던 것 같다. 가장 오래된 아버지와의 기억도 말을 탔던 일이다. 아마 서너 살쯤 되었을 때였을까, 말 위에 앉으신 아버지가 나를 당신 앞자리에 앉히고 고모님 댁에 갔었다. 고모님의 성화에 나를 내려놓고 혼자 가시려 하자 내가 울면서 아버지의 말을 정신없이 따라 달려갔던 기억이 생생하다.

내가 가당치 않게도 가끔 승마를 배워볼까 하는 생각을 하였던 것은 아버지에 대한 그리움 때문일 것이다. 금년 7월 몽골 여행에서 말을 타보았는데 아버지와 그때의 호마胡馬를 회상하면서 잠시 감상에 젖었었다.

이상하게도 내 큰아들도 말을 매우 좋아한다. 어렸을 때부터 말을 보면 거의 전율하다시피 하였고, 그리기 어려운 달리는 말을 도화지에 썩 잘 그려내곤 했다. 피로 연결되는 관계란 외양과 생각만이 아니라 취향과 소양에까지도 이어지는 것인가 생각하면 참으로 신비스럽다.

'아버지'라는 이 말이 내게 따뜻하고 든든한 어감보다는 막중한 무게와 아득한 거리의 메아리로 느껴지는 것은 내 아버지에 대한 그동안의 그리움과 한이 누적되었기 때문일 것이다.

이제는 내가 우리 아이들에게 따뜻하고 든든한 아버지로서 다가가야 할 차례다. 그러나 나는 아직 내 자식들에게 그렇게 하지 못하고 있다. 내 아버지를 향할 때 그렇듯이 자식들에게도 저만치 떨어진 거리에서 실속 없는 무게로만 임하고 있는 것이다. 때때로 가슴에 안고 다독여 주고 싶은 강한 충동을 느끼면서도 애써 냉정하게 근엄한 체모만 차려왔었다.

후에 그들이 나를 추억할 때 '아버지'라는 말에서 무엇을 생각해 낼 것인가? 수시로 던진 훈계와 도덕적인 가르침, 이런 것들이 지겨워서 손을 내젓지는 않을까? 그들의 기억 속에 너그럽고 든든하며 따사로운 아버지의 모습으로 남아 있으면 좋으련만, 그럴 가능성은 없을 것 같다. 앞으로 남은 세월이라도 그러한 아버지가 되도록 노력하면 어떨까 하는 생각도 해보지만 아마 뜻대로 잘 되지 않을 것 같다.

버리고 간다

가능한 한 이사는 자주 하지 않는 것이 좋을 것이다. 한 곳에 깊이 뿌리를 내리고 느긋하게 성장하는 한 그루의 느티나무처럼 오래 살 수 있으면 얼마나 좋을까.

지난겨울 대한 무렵, 매서운 추위 속에 다시 서울로 이사를 했다. 애초에는 서울의 소란스러움과 번잡으로부터 벗어나 조용한 은퇴의 생활을 누리자는 심산이었다. 그러나 2년여 만에 다시 되돌아오고 말았다. 아이들이 가까이 살자고 권유하는 힘도 크게 작용하였지만, 서울에 연계되어 있는 삶의 끈들을 과감히 단절하지 못한 탓이다.

우리는 이사를 자주 한 셈이다. 신혼살림을 전주에서 시작하였다. 아이들이 크면서 서울로 옮겼는데 광주의 대학에 자리가 생기면서 아이들은 서울에 두고 내외만 광주로 갔었다. 정년퇴임 후에 서울로 옮겨 왔으나 25년에 가까운 지방에서의 생활에 익숙해졌기 때문인지 일마다 생소하고 불편하고 답답하였다. 용단을 내려 서울보다는 좀 더 전원에 근접한 용인으로 갔었다가 이번에 다시 서울로 온 것이다. 부평초 같은 인생이란 바로 이런 것인가 하는 생각이 든다.

묵은 살림을 대청소하려면 이사를 해야 한다는 말이 있다. 나는 천성적으로 무얼 함부로 버리기를 싫어한다. 그러나 이사를 할 때면 어쩔 수 없이 정리해야 하는 물건들이 적지 않다. 언제 다시 쓸지 모를 물건인데도 아까워서 지니고 살다가 이사할 때면 과감히 없애어 살림들을 줄이곤 하는 것이다.

우리 살림에서 제일 많은 부분을 차지하고 있는 것이 50여 년 동안 모아온 책이다. 그중에는 수년 간 읽지 않고 쌓아두기만 한 책도 적지 않다. 그러면서도 책을 버리는 것이 곧 학자로서의 양심을 버리는 일처럼 생각되어서 월간지 한 권도 함부로 처리할 수가 없었다.

퇴직하면서 도서관에도 기증하고 가까운 후배와 제자들에게 분양도 하였지만, 몇 년 지나지 않아 다시 또 늘어나서 이번에도 다시 여기저기 흩어 보낼 수밖에 없었다.

이번 이사에서는 책뿐만이 아니라 세간들까지도 대폭 줄여야 했다. 새로 이사할 집 수납공간이 좁고 그 구조가 우리 살림살이와 맞지 않았기 때문이다. 우리 내외는 여러 날 고민하다가 의견이 서로 맞지 않아 다투기도 하였다.

가져올 수 없는 것의 목록 중에는 외할머니의 유품인 장롱도 들어 있었다. 외할머니께서 시집오실 때 가져오신 혼수품이니 줄잡아도 130년은 넘은 물건이다.

외조부님 내외분은 나의 성장하는 모습을 보며 보람을 느끼고 기뻐하셨는데, 흡족한 보답을 한 번도 해드리지 못한 채 총총히 가시고 말았다.

그분들이 이승을 떠나셨던 그쯤의 연세에 벌써 내 나이가 이르렀으니, 그분들에 관한 기억도 이젠 아스라이 가물거리기만 한다. 장롱은 그분들의 기억을 간직하게 하는 오직 하나의 유품인데 가져오지 못한 것이 못내 안타깝고 죄송하다.

"제가 잘 보관하고 있다가 돌려드릴게요."

장롱을 실어가면서 아내의 제자가 말했었다.

그의 말대로 나도 속으로는 '아주 없애버린 것은 아니니까.', '임시로 맡겨둔 셈이니까.'라는 생각으로 막연한 위로를 삼기도 한다. 그러나 그게 쉬운 일은 아닐 것이다.

가끔 TV '진품명품' 시간에 출연하는 사람들을 보면 부럽기도 하고 한편 부끄럽기도 하다. 오랜 세월 동안 선대, 선조의 유품들을 오롯이 간직해온 그들의 정성과 노력이 갸륵하고 존경스럽다.

아무리 귀한 물건이라도 자주 이사를 다니다 보면 온전히 간직하기가 어렵다. 언제 어떻게라도 상처나 생채기가 나기 마련이고, 까딱하면 파손되거나 분실되기가 쉽다.

내겐 특별히 아끼는 골동품도 없거니와 값나가는 예술작품도 없다. 그저 평범한 족자나 그림 몇 점도 그동안 잦은 이사 때문에 온전한 것이 없는데, 이젠 외할머니의 장롱조차 간수하지 못하게 되었으니, 생각하면 한심스런 일이다.

한곳에 오래 정착하여 안정된 생활을 지속하지 못하고 생활의 편의를 좇아 터전을 이리저리 옮겨가며 살아왔기 때문이라고 자위해 봐도 마음이 편하지 않다.

조상들의 유품을 오래 소장하고 있는 자손들을 보면 대단하다는 생각이 든다. 우선 그들은 안정된 생활을 해왔을 것이고, 유품의 가치와 의미를 중시했을 것이며, 조상의 숨결을 소중히 여기고 아끼는 마음이 남달랐을 것이다.

내가 세상을 떠난 후에 내 자식들은 내가 남긴 물건들을 얼마나 소중하게 간직할까. 아마도 그들은 나보다 훨씬 더 간편하고 기능 위주의 삶을 지향하게 될 것이다. 그래서 속으로야 부모의 삶을 가벼이 여기지 않는 마음이 있을지라도 내가 외할머니의 유품을 정리할 수밖에 없었듯이 그들도 내 흔적을 오래 지니지는 않을 것 같다.

"사진을 모두 버려야 합니다. 우리가 죽은 다음에는 자식들이 귀찮아서 쓰레기통에 버릴 겁니다. 나는 여행하면서도 사진을 별로 찍지 않아요. 그냥 구경만 해요." 라고 했던 친지의 말을 농담처럼 들었었다. 그런데 이번에 이삿짐을 정리하면서 그 말이 자꾸 생각났다.

생각하면 우리가 아주 떠날 때는 겨우 영혼만 지니고 갈 것이다. 애지중지하던 물건이건 아까워 꾸려 두기만 하려 했던 재산이건, 지극히 사랑하던 사람이건 다 두고, 끝내는 제 육신조차 버거워서 벗어버리고 떠날 것이다. 앞으로는 차지하고 가지려는 마음일랑 벗어버리고, 버리고 줄이려는 연습을 자주자주 하여야 할 것 같다.

아버지의 바다

내 아버지의 무덤은 허총虛塚이다.

예수님은 십자가에서 돌아가신 후 3일 만에 부활하셨기에 빈 무덤이 되었지만, 내 아버지의 무덤은 애당초 주검이 묻히지 않았다. 시신이 없었으니 정상적인 장례의 형식을 거치지도 않았을 것이다. 아버지가 불귀의 객이 되었을 때 나는 겨우 일곱 살, 초등학교에도 입학하기 전이었다. 나는 오랫동안 아버지의 무덤이 비어 있다는 사실을 몰랐었다.

그 무덤이 언제 만들어졌는지도 물론 본 적이 없다. 그 때 모든 일들이 혼돈과 소란 속에 뒤죽박죽되어 있었다는 생각만 어렴풋하게 떠오른다. 그중에서도 집안에서 벌어졌던 씻김굿의 광경은 언뜻언뜻 영화의 몇 장면처럼 스쳐 지나가곤 할 뿐이다.

이승에 남긴 망자亡者의 원한을 달래서 죽음의 세계로 천도薦度한다는 남도지방의 '씻김굿'.

아버지처럼 물에서 비명횡사한 사람들은 바다나 강물에서 넋을 건져내어 그 한을 위무하고, 죽음에 따른 부정不淨을 씻어서 미련 없이 죽음의 세계로 보내주는 '넋 건지는 굿'이라는 과정이 씻김굿에서는 필수적이라고 한다.

그런데 아버지의 묘소는 돌아가셨으리라 추측되는 때로부터 아마 1~2년이나 지난 다음에 조성되었을 것이다. 아버지의 죽음을 용인하지 않으려는 어머니의 분노와 항거 때문에 어느 정도의 기간이 소요되었으리라. 언젠가 돌아오실 아버지를 위하여 어머니는 날마다 방 아랫목에 따뜻한 밥 한 그릇을 두툼한 요로 덮어 놓았었으니까.

음력 동짓달 스무이틀 경이면 남해안의 일기는 예외 없이 사납고 불순하다. 온화하던 날씨도 그때만 되면 갑자기 매서운 추위와 더불어 강풍이 몰아쳐서 바다는 온통 성난 파도로 뒤덮이곤 한다.

점쟁이의 영력이 높았던 것인지, 떠돌던 소문을 듣고 짚어 맞췄던 것인지 알 수는 없으나 어김없이 요동치는 날씨의 변동을 보면 어림잡은 제삿날은 실제에 가까울 것 같다.

내가 결혼하여 신부를 데리고 처음 고향집에 갔을 때 어머니는 소주 한 병과 과일, 떡 등을 미리 챙겨 두었다가 아버지에게 인사부터 올리고 오라고 일렀다. 물론 명절 때에도 마찬가지였다. 나는 무덤 앞에서 공손히 절하는 새신부에게 그것이 허총이라는 사실을 말할 수 없었다.

아버지 무덤 앞에 서면 나는 인간의 무력함과 허무함, 그리고 수치심 등이 얽힌 심한 갈등을 겪는다. 시신도 유골도 없이 지푸라기로 만든 인형을 묻어 놓았을 무덤 앞에서 고인을 추모하고 경의를 표한다는 것이 마음 내키지 않은 일이었기 때문이다.

아버지는 해방 전 어업금융조합에서 근무하였다. 지방에서는 드물게 고등보통학교 교육을 받은 인텔리였다. 해방이 되던 해 아버지는 상선을 사서 유통 사업을 시작하였다. 일본에서 많은 돈을 벌어 귀국한 교포 출신 선장의 배를 사들였던 것이다. 생활필수품의 유통망이 원활하지 못하던 시절이었으므로 처음 한두 번은 괜찮았을지 모른다. 그러나 배는 많이 낡아 있었고 젊은 아버지는 그 방면의 경험이 전혀 없었다. 세 번째 행인가 출항한 후 아버지는 영영 돌아오지 않았다.

어머니가 주관해 오시던 아버지의 제사를 물려받아 내가 살고 있는 도시 아파트에서 간소한 추도식으로 지키게 된 후 어머니는 마음이 불편한지 아무 말 없이 불참하시곤 한다.

이제 구순에 이른 어머니가 돌아가시면 어떻게 할까 고민스럽다. 어머니는 가끔 당신이 묻힐 곳을 묻곤 하신다.

자주 돌아보지도 못할 고향 선산에 어머니 산소를 만들어야 할 것인지? 나는 수목장이 좋겠다는 생각을 하고 있지만 그것은 내 사후의 일이고, 어머니의 생각은 다를 것 같아서 선뜻 말이 나오지 않는다.

만약 화장을 해서 땅 속에 묻고 그 위에 나무를 심겠다고 한다면, 어머니는 분명 소스라치게 놀라실 것이다. 그리고 불효막심한 자식이라고 노여워하실 것이다.

요즘 들어 생각해 보는 일은 아버지의 빈 무덤 자리에 어머니를 모시면 어떨까 하는 것이다. 오랜 세월 동안 비어 있던 아버지의 무덤을 어머니의 육신으로 채워서 상징적으로나마 아버지와 합장해 드리면 괜찮을 것 같기도 하기 때문이다. 아마도 전례가 없을 이러한 나의 소행을 집안사람들이나 고향 분들은 어떻게 생각할지 모르겠다.

그러나 내 마음속 아버지의 무덤은 푸른 바다다.

먼 수평선을 바라보고 있으면 파도 소리와 더불어 아버지의 음성이 들리는 것 같다. 아내가 셋째 아이를 가졌을 때, 나는 바다에서 어른의 키보다 더 큰 물고기 한 마리를 낚아 올린 꿈을 꾸었다. 그 꿈은 엊그제 일처럼 지금도 생생하다. 아내는 시아버님이 주신 자식이라고 믿는 눈치였다. 내 속으로는 아버지의 넋을 이제야 건져 올린 것은 아닐까 하는 생각이 들기도 했다. 태어나고 살다가 죽는 일, 그런 일들이 참으로 오묘하다. 운명이라고 할 것인가, 절대자의 섭리라고 해야 할 것인가. 온 세상에 편만한 이법의 순리를 언제 알 수 있을 것인지.

멀리 있는 것은 그립다

나는 대부분의 직장생활을 지방에서 하였다. 경기도에서 시작하여 서울로, 전주로, 광주로 옮겨 가며 살다가 무등산 기슭에서 정년퇴임을 하였다.

퇴임 후에는 어떻게 해야 하나 망설이다가 결국은 아이들이 활동하고 있는 서울로 오고야 말았다. 내 인생 후반기를 꼭 복잡하고 소란스러운 서울 거리에서 보내야만 할 것인가 하는 의문이 아주 없었던 것은 아니다.

어떤 사람들은 서울에서 살다가도 퇴임 후에는 낙향하여 때 묻지 않은 청정한 자연 속에서 신선처럼 잘살고 있는데, 나는 오히려 오염과 번잡의 소용돌이 속으로 돌아온 것이다.

발랄하던 생기가 쇠진해버린 몸으로 뒤늦게 서울로 오고

보니 모든 게 낯설고 서툴고 어둡기만 하다. 그동안 서울에서 줄곧 뿌리를 뻗고 살았더라면 아마 지금보다는 더 존재감 있게 살 수도 있었을 텐데 하는 아쉬움도 있다.

그래도 내 인생의 도정이 그렇게 삭막하게만 느껴지지 않은 것은 지방에서의 윤기 있었던 삶의 여력 때문일 것이다.

내가 무등산 능선같이 넉넉한 오지랖에 싸여 내 인생의 사반세기를 광주에서 보냈던 것은 행운이었다. 사람들이 모여 사는 곳이니 쫓기고 부대끼는 일이야 어딘들 마찬가지겠지만, 숨 막히는 질주와 날선 대결에 쫓기지 않고 살 수 있었으니까.

서울로 돌아온 후 나는 거리거리에서 내 막막했던 20대와 30대의 흔적을 발견하려고 두리번거린다. 가난했던 만큼 치열하게 대처했던 내 젊음을 되돌아보고 추억에 잠겨보려 하지만, 그때와는 전혀 달라진 거리에서 두려움을 느끼게 된다.

서울 거리는 옛날의 그 거리가 아니다. 낯선 건물들은 하늘 높이 치솟아 오르고, 각종 외국어 간판들이 밤낮없이 명멸하는 거리에서 나는 젊었을 때와는 또 다른 갈증과 고독을 느낀다. 그래도 동창모임에서 고향친구들을 만나면 소탈하고 순박한 정감 그대로 소통할 수가 있어서 좋다. 위기감에서 탈출한 것처럼 위로를 받으면서 광주에서는 오히려 쓰지 않던 남도의 사투리를 마음껏 쏟아내는 것이다.

친구들은 오랫동안 참석 못한 나를 탓하지 않고 반겨 주었다. 그러면서도 은근한 괄시(?) 또한 만만치 않다. 총무니 회장이니 하는 귀찮은 임무를 연이어 내게 떠맡기는 일들 말이다.

원래 숫자에 둔감한 내가 회의 때마다 수입지출 내역을 보고하고 장부를 맞추는 일이라든지, 친구들 근황을 파악하여 제때에 맞게 위문을 하거나 축의를 표하는 일 등 어느 것 하나 손쉬운 게 없다.

그러나 이런 자질구레하고 번거로운 일들이 아주 싫지만은 않다. 그리고 그런 일들을 하면서 새로 깨닫는 이치도 있다. 우리가 살아가는 세상은 반드시 중대하고 의미 있는 일로만 이루어지는 것이 아니라는 사실, 사소하고 시시하고 잡다한 일들이 모여서 '인생'이라는 아름다운 하나의 입체가 된다는 진리.

사람이 한평생 살아가는 일이란 결국 평범한 일상사의 조합과 집적의 총화總和가 아니겠는가. 지극히 평범한 일상사라도 잠시 잠간 한눈을 팔거나 무시하다 보면 예측 못했던 탈이 나기 쉽다. 남을 배려하지 않는 자기중심주의로는 결코 이웃들과 화목할 수 없다. 이것은 지극히 평범한 이치로 이를 깨닫기 위해 특별한 노력을 할 필요도 없다.

최근에 '행복을 위하여 어떤 노력을 해야 할 것인가?'라는 과제를 연구했던 전문가(댄버대학 심리학 연구진)의 해답은 너무나 평범하다. 돈과 명예가 아닌 사회적 관계에서 진정한 행복을 찾아야 한다는 것이다. 행복하기 위하여 의식적으로 노력하는 사람보다, 행복에 대하여 신경 쓰지 않고 사회적으로 건강한 관계를 맺고 사는 것이 행복을 찾는 지름길이라는 것이다.

지방과 서울을 번갈아 옮겨 살던 내가 앞으로 다시 어디로 거처를 옮길 것 같지는 않다. 내가 아주 세상을 떠난 다음, 두고 온 인간세상을 또 그리워하게 될는지도 모르겠다. 푸쉬킨의 지나간 것은 언제나 그리워지는 것이라는 말이 지금 문득 생각난다.

사람은 살아 있는 한 무엇인가를 끊임없이 그리워하게 되어 있나 보다. 처음 광주로 내려갔을 때에는 마치 임시로 짐을 풀어놓은 것처럼 모든 것이 을씨년스럽고 불편하였으며, 두고 온 서울이 그리웠었다. 그러나 지금은 멀어진 광주가 그립다.

표류하는 삶

큰애가 '이번 연휴에 부모님의 고향과 유년 시절의 추억이 어린 곳을 답사해 보자.'는 제안을 한 것은 추석 한 달 전이었다.

뜻은 좋지만 귀찮은 생각도 들어서 처음에는 망설였다. 그러나 시간이 지나고 우리들이 더 노쇠해지면 그런 일을 하고 싶어도 할 수 없을 것 같아서 결국은 고마운 마음으로 따라나섰다. '큰아들이라 생각이 다르구나.' 기특하게 생각하면서. 이왕이면 아이들이 모두 함께 가면 좋겠다 싶었지만 딸애는 그 애대로 시댁 절차에 맞춰야 할 것이고, 둘째는 때맞춰 국제행사 준비로 얼굴조차 볼 수 없게 되었다.

고향이라고 해도 어른들은 거의 이승을 떠났으니 앞으로는 찾을 일도 차츰 없어질 것이다. 우리는 이번 여행을 「뿌리 찾기」 여행이라고 이름을 붙였다.

입대하여 병영생활을 할 때처럼 불가피한 일에 얽매었을 경우를 제외하고는 명절을 타지에서 보낸 적이 없었다. 특별한 생활신조 같은 것이 있어서가 아니다. 명절을 내 집에서 가족과 함께 보내야 한다는 사고방식을 나도 자연스럽게 받아들이고 있었기 때문일 것이다.

그런데 이번 추석은 집을 떠나 엉뚱한 타지의 콘도미니엄과 친척집에서 보냈으니 큰 파격인 셈이다. 그동안 국내외의 여러 관광지에서 명절을 쇠는 이들이 증가되고 있는 현상을 못내 달갑지 않게 생각했었는데, 어느새 나도 시류를 따라 변해 가고 있구나 싶었다.

닷새 동안 쓰기로 하고 12인승 봉고차를 빌렸다고 했다. 두 집 식구들이 함께 얘기를 나누면서 달리기 때문인지 귀향 차들로 붐비는 고속도로의 정체쯤이야 서너 시간 정도 견딜 만했다.

둥그렇게 중천에 떠오르는 달을 보면서 손자, 손녀의 손을 잡고 낯선 거리를 한가로이 걷는 재미는 특별하였다. 그렇지만 불편한 점이 더 많았다. 이름 있는 음식점을 찾아 여기저기 기웃거려도 거의 문을 닫아서 어색한 길손으로 거리를 헤매기도 하였다. 맛보고 싶었던 토속 음식은 고사하고, 어쩌다 손님을 맞는 가족 중심의 식당에서 선택의 여지도 없이 주는 대로 사먹을 수밖에 없었다.

이젠 돈 벌기 위해 남들 다 쉬는 명절날 가게 문을 열어 놓는 집들이 흔치 않을 만큼 우리도 생활에 여유가 생긴 것이다. 명절날 국내 나들이할 때는 자급자족할 준비를 갖추고 떠나는 게 상식이라는 걸 새로 알았다. 휴게소 벤치에서 준비해온 명절 음식을 나누어 먹는 사람들의 여유로운 모습과 즉석라면이라도 사먹기 위해 자리다툼을 벌이고 있는 우리 모습은 너무나 대조적이었다.

홀로 계시던 어머니가 돌아가신 후, 비워둔 건물만 덩그렇게 낡아가고 있는 고향집. 임자 잃은 안뜰에는 무성한 잡초가 어지럽고, 외롭게 서 있는 감나무는 잎을 다 떨어뜨린 채 매달린 감 무게를 지탱하느라 힘겹게 늘어져 있었다.

비좁던 마을 진입도로는 넓게 확장되어 있고, 허술한 목조 가옥들은 깔끔한 양옥이나 기와집들로 바뀌었다. 남루하던 마을이 새로워졌는데도 어쩐지 내 마음은 소중한 것들을 잃어버린 듯 더 허전하고 쓸쓸하였다.

풍물패 소리도, 줄다리기나 씨름경기를 알리는 마을 이장의 목쉰 방송 소리도 들리지 않았다. 고샅에서 뛰놀던 아이들 소리, 명절 아침 가양주에 설취한 호주가의 육자배기 소리도 없었다. 거리엔 사람들의 발걸음조차 뜸하고 대낮의 고요와 정적만 감돌고 있었다.

맨 처음 찾아 나선 곳은 초등학교였다. 삼사 칸 목조건물이었을 텐데, 지금은 어엿한 슬래브 건물로 바뀌었고, 좁은 운동장 한편에는 철봉이며 평균대 등이 잘 정돈되어 있었다. 내가 2회 졸업생이니, 아마 금년엔 60몇 회쯤의 졸업생이 배출되리라. 10여 년 전 재적학생의 급속한 감소로 인해 폐교문제가 논의되고 있었을 때, 주민들의 강력한 반대운동이 일어났고, 졸업생인 나도 반대서명에 동참했던 생각이 난다. 지금은 재학생 수가 얼마나 되는지 알 수 없으나 아직 존속되고 있다는 사실만으로도 다행이라는 생각이 들었다.

조부모님과 외조부모님 묘소, 아이들은 기억하지 못할 6대조 윗분들의 묘소에서 어린것들을 세워놓고 묵상하였다.

우리 마을에서 12km나 떨어져 있는 읍내의 중학교는 크게 변하지 않았지만 고등학교가 따로 분리되어 나가고 중학교만 그 자리에 남아 있었다. 하숙이나 자취를 하기도 하고, 자전거 통학을 하기도 하였던 가난한 시절의 애환들을 회상하고 있는 동안 아들은 내 모습을 영상으로 남기려고 애쓰고 있었다.

4박 5일이라는 짧지 않은 기간, 익숙하지 않은 길을 운전하기에도 지쳤을 것이다. 처음 계획에는 나와 제 어머니의 성장지인 장흥과 군산만 가기로 했는데 굳이 우리가 결혼하여 처음 살던 전주, 저희들이 태어난 집들도 둘러보자고 하였다. 시골과는 달리 변화가 빨라서인지 완산동에서 태평동까지 오래도록 헤맸으나 옛날의 자취는 거의 찾아볼 수 없었다.

"여기서 네가 태어났어. 이 골목에서 세발자전거를 타고 놀았지."

그렇게 말하면서도 골목은 좁고 집들은 납작하였으며 무성하던 탱자나무 울타리도 없어져서 이곳이 정말 그곳인지 의심스러웠다.

이번에는 겨우 유년과 청소년 시절의 자취만 돌아본 셈이다. 중년 이후 퇴직 때까지 30년 가까이 살았던 광주의 흔적, 창창한 청년시절의 서울 흔적들은 또 언제 돌아보자고 할 것인지, 이제는 내가 제안을 해야 할 것 같다.

'일장춘몽이라'더니, 되돌아보는 한 생애가 마치 하룻밤 꿈과 같다는 옛말은 과장된 표현이 아니다. 마치 꿈속에서 깨어난 것처럼 주변 환경은 딴 세상처럼 변해 있었다. 그동안 한 군데 정착하여 오래오래 살지 못하고, 여러 곳을 유랑해 온 느낌이 든다. 이젠 마지막 뿌리를 내려야 할 때가 다가오고 있다. 그러나 영원히 정착할 곳, 진정한 안식처는 어딘지. 그곳에 이를 때까지 우리는 계속 표류하게 될 것인가?

파도를 넘어

1960년대는 격동의 시대였다. 국가적으로도 그렇지만 내 생애에 있어서도 그렇다.

나는 고등학교 3학년 졸업시험을 앞두고 알 수 없는 병을 앓았다. 처음에는 소화불량인 줄 알았다. 시골이어서 증세에 즉각 대처하지도 못해서 복막이 터지는 지경에까지 갔던 것이다. 시골의사는 위험이 따르는 수술을 하지 않으려고 도시의 큰 병원으로 가보라고 하였다. 그만큼 내 병은 다루기 어려웠나 보다

시골 병원에 몇 개월 누워 지내는 동안 졸업시험도 놓치고 대학입학원서도 쓰지 못했다. 마지막 등록금도 납부하지 않았기 때문에 나는 졸업장도 없는 형편이었다.

대학에 진학한 친구들은 방학 때 돌아와서 꿈같은 대학

생활을 신나게 늘어놓았지만 이미 시기를 놓친 나는 퇴원 후에 아무런 대책도 소속도 없이 의기意氣를 잃고 위축되어 있었다.

다음 해 입시철이 되었을 때 내 형편을 전해들은 교장선생님께서 어서 대입원서를 써오라는 전갈을 보내셨다. 나는 아무 영문도 모른 채 쫓기듯이 대학 입학을 하였다. 아마 교장선생님께선 나를 졸업생으로 행정조치를 취해 놓으셨던 것 같았다.

그러나 이듬해에 또 원인 모를 병(나중에 밝혀진 바로는 겨울방학 때 서울 자취방에서 연탄가스에 중독된 후유증이었다.)으로 시름시름 앓느라 상경을 못하고 있었다.

그것이 1960년 3월이었다. 자유당 부정선거를 규탄하면서 청와대로 몰려든 시위대를 저지하는 과정에서 연달아 희생자가 생기자 드디어 이승만 대통령이 하야를 하였다. 그리고 뒤이어 부통령에 당선된 이기붕과 그 전 가족이 자살을 하고, 장면내각이 들어선 4·19 혁명이 일어났다.

마을 사람들은 나의 안전을 축하하는 말로 '명당 선산의 덕'이라 했었다. 그러나 나는 신문을 보면서 남모를 눈물을 흘리며 함께하지 못한 부끄러움을 삭이고 있었다. 나는 지금도 김광규의 「희미한 옛사랑의 그림자」라는 시를 읽으면 불의에 항거하지 못한 그 시절의 부끄러움을 느낀다. 4·19라는 우리 젊음의 한 시기를 이야기하는 자리에서 나는 늘

주눅이 든다.

우리는 그때 학교에서도 제대로 학업을 진행할 수가 없었다. 거의 모든 대학에서 부정부패를 성토하는 데모로 수업을 못하고 혼란 속에서 시간을 흘려보내고 있었다. 1961년 5월 16일 군사혁명이 일어나 모든 정치활동이 금지되고, 폐쇄된 대학의 정문은 무장한 군인들이 지키고 있었다. 내 친구 중 하나는 군대에 입대한 지 얼마 되지 않아 군사혁명이 발발하자 탈영을 감행하였다. "혁명이 일어났는데 나도 탈영쯤 해도 되지 않느냐."는 어이없는 이유를 대었다. 그 친구는 탈영으로 인하여 평생을 제대로 직업다운 직업 한 번 가져보지 못한 채 늙어갔다.

나는 당시 장준하 씨가 발행하던 『사상계思想界』를 통하여 유달영 교수의 글에 심취하고 그의 애국심에 경도되어 있었고, 「상록수」의 주인공 최용신의 생애와 덴마크의 애국자 그룬투비히의 겨레와 조국을 부흥시킨 운동에도 매료되어 있었다.

그 영향이랄까, 나는 몇 학기 동안 방학기간에 야학 교사로서 문맹퇴치운동에 참여하기도 하였다.

안병욱과 김형석 두 철학자의 에세이가 가난하고 외롭던 그 시절의 우리에게 위안과 용기를 주었다. 그분들이 지은 책이 우리 또래의 책꽂이에 몇 권씩은 꽂혀 있었을 것이다.

일본의 쿠라타 하쿠조오가 쓴 「사랑과 인식의 출발」이라는 책도 목마른 젊음을 달래주었다. 쿠라타 하쿠조오는 이 책을 쓴 후 자살을 했기 때문에 더 관심을 끌었을 것이다. 그가 남긴 "사랑하기 위해서는 알아야 하고 알기 위해서는 사랑해야 한다."라든가, "스스로 꽃이 되지 못하는 식물학자는 꽃의 진상을 알 수 없다. 자타합일의 마음이 사랑이다."라는 말이 당시엔 금언처럼 들렸다.

경동교회 강원용 목사님의 대학생을 위한 신앙강좌가 매주 토요일 오후에 있었는데 거기도 열심히 참석하였다. 불꽃이 튀는 듯한 시선으로, 그러나 냉정하게 갈파하던 목사님의 신앙 강좌는 마음을 후련하게 해 주었다. 신앙 강좌도 좋았지만 거기서 만나는 어떤 여학생과 가까워질 수 있어서 더 부지런히 다녔을 것이다. 당시 우리는 가난했지만 그 가난을 물리칠 물질보다 허한 정신을 무엇으로 채울 것인가에 갈급해 있었다.

대학을 졸업한 나는 어디라도 당장 취직을 해야만 했다. 대학원에 진학할 생각은 꿈에도 하지 못하고 있을 때인데, 어느 날 느닷없이 대학원 학과 주임교수님이 대학원 석사과정 입학원서를 건네시며 당장 이 자리에서 원서를 쓰라고 하셨다. 아무런 대책도 없으면서 입학원서를 쓰고 대학원에 입학하였다. 주임교수님의 주선으로 국내 굴지의 출판사에 취직을 하여 대학원 학업과 병행할 수 있었다. 그러나 내겐 군복무를 마치는 것이 급선무였다. 뒤늦게 입대한 대학원 학생이 겪어야 했던 이등병의 설움은 여기에 다 기록하고 싶지도 않고 기록할 수도 없다.

생각하면 혼돈과 무질서가 소용돌이치던 사회에서 거센 파도에 휩쓸리지 않고 한 길로 전진할 수 있었던 것은 행운이다. 나는 지금도 세상을 잘 모른다. 학생의 신분에서 선생의 신분으로 바뀌면서 계속 학교에만 머물러 있던 내가 무엇을 알 것인가. 상아탑이라는 방호벽의 보호를 받았던 지난날들이 고마울 뿐이다.

1960년대 1인당 국민소득이 79달러였던 시절, 나는 그 시절에 대학을 졸업하고 입대와 제대를 했으며 결혼을 하고 아이들도 낳았다. 무서운 '보릿고개'는 해마다 반복되었고, 먹고살기도 어려운 지경에 시골 촌놈이 대학에 다닌다는 것은 언감생심 바랄 수조차 없는 일이었다. 머뭇거리지 않고 두려워하지 않았던 것은 젊은 열정과 용기가 있었기 때문일 것이다.

중등학교 준교사 자격증으로 시험을 본 것을 시작으로, 직장을 옮길 때마다 시험을 거쳐야 했고, 대학 교수가 되는 관문에서는 이틀이나 단독면접 시험을 받았다. 그러나 내게 무슨 힘이 있었겠는가? 그때마다 보이지 않은 구원의 손길이 있어 시냇가 초원의 길로 나를 인도했을 것이다.

4부

바다에서 바다로

감성여행

이혼박물관

약초와 독초

둑길을 걸으며

바다에서 바다로

불편한 인과 관계

하산하면서

산빛은 시간 따라

아, 나의 스승

파푸른 꿈, 흰 꿈

감성여행

여행단원은 서른세 명이었다. 모두가 러시아 사람들이고 동양인은 아내와 나 두 사람뿐이었다. 러시아인들 틈에 끼어 북유럽 네 나라를 여행하겠다고 나선 것은 처음부터 무리였다.

애당초 우리는 러시아를 향하여 떠났었다. 셋째 아이가 모스크바에 파견되어 있어서 만나러 갔던 것이다.

그런데 러시아와 북유럽은 근접해 있으므로 우리나라에서 가는 것보다 경비가 삼분지 일 이상 저렴할 것이라는 셋째의 말이 우리를 유혹하여 내친김에 북유럽까지 둘러보게 된 것이다.

그러나 9박 10일간의 여행, 버스와 크루즈 투어로만 이어지는 이번 여행은 러시아어를 한마디도 모르는 벙어리요,

귀머거리인 우리들에게 모험 이상의 것이었다.

그들의 눈에도 우리가 무모하게 보였는지, 헬싱키에서 처음으로 통성명을 한 헤밍웨이 - 외모가 헤밍웨이와 흡사하여 우리는 줄곧 그를 그렇게 불렀다 -의 첫마디가, "당신들은 참으로 용감한 사람들이다."라는 것이었다.

'아까째리나'는 숙련된 전문 가이드로서 줄곧 알 수 없는 장황한 해설과 설명을 늘어놓을 뿐, 이방인으로서 동행하는 우리 두 사람의 존재는 아랑곳하지도 않았다. 그녀는 버스 내부를 돌아다보는 일도 별로 없었다.

우리나라 관광단 같으면 대개 여행사에서 파견된 가이드 외에, 관광단을 대표하는 한 사람을 선출한다. 공식적인 여행의 진행은 가이드가 주관하지만, 그 밖의 비공식적인 일들은 대표자가 주관하여 진행하기 마련이다. 차 안에서 자기 소개를 시키고, 며칠 지나면 형, 아우로 호칭하면서 노래방 풍경을 연출하기도 한다. 대표는 공식 비용 외의 달러를 갹출하기도 하고, 가이드는 여행객들이 원하건 않건 여기저기 쇼핑센터로 데리고 다니기 일쑤다.

그러나 이들은 우리와 달랐다. 각자 소개도 시키지 않았고, 억지로 부추겨 흥을 돋우려 하지도 않았으며, 대표도 뽑지 않았다.

우리 같으면 지루한 시간을 견디지 못하여 크고 작은 이벤트를 벌이기도 하고, 큰소리를 치기도 하고, 가이드에게 자기의 의견을 주장하거나 반대의사를 표명하기도 했을 텐데 그들은 전혀 그렇지 않았다. 가이드는 9박 10일의 여행기간 동안 한 번도 쇼핑센터로 안내하는 일이 없었다. 승객들 중 어느 누구도 버스에 설치된 TV나 라디오를 켜 달라는 사람도 없고, FM 음악 방송을 들려달라고 주문하는 사람도 없었다. 가이드의 목소리 이외에는 아무런 소리도 들리지 않았다.

'이런 것이 진짜 세련된 여행이구나.' 하는 생각이 들었다.

점심은 각자 알아서 먹어야 하고, 한 번 버스가 머물면 두세 시간 이상 자유시간을 주곤 하였다. 자유시간이란 지도를 들여다보면서 각자 알아서 탐험하고 해결하게 하는 시간이었다. 그들은 모이기로 한 시간을 단 일 분의 착오도 없이 칼날같이 지키고, 침묵 가운데 차례를 기다리며, 철저히 공중도덕을 준수하였다. 나는 그러한 그들이 점차 차갑고 무섭게 느껴졌다.

초등학교 교사, 대학 교수, 사업가, 정년퇴임한 인텔리 여성, 대학을 갓 나온 젊은 남녀, 전문 직업인이 아닌 듯한 몇 사람 등 일행은 대부분 교양을 갖춘 사람들로 보였다.

함부로 속내를 드러내 보이지 않는 저들 앞에서 우리도 헤프게 감정 표현을 하지 않으려고 애썼다. 그러나 노력에도 불구하고 우리는 심각한 실수를 저지르고야 말았다.

오슬로에서였다. 가이드는 두 시경, 시청 뒤에 여행단을 풀어놓으면서 4시 50분까지 모이라고 하였다. 그러나 우리가 부담스러운 세 시간의 자유를 누리고 그 장소에 갔을 때 거기에는 있어야 할 일행도 버스도 없었다. 나중에 안 일이지만 4시 15분을 50분으로 잘못 들었던 것이다. 언어학 교수인 헤밍웨이가 능숙한 영어로 통역하여 줄곧 우리를 도와주었는데, 그의 Fifty와 Fifteen의 발음을 구분해 듣지 못했던 것이다.

그 덕분에 예정에 없던, 노르웨이에서 스웨덴을 거쳐 덴마크에 이르는 장장 11시간의 열차 여행을 즐기게 되었다. 배를 놓친 분풀이로 우등칸에 타서 특별한 대우를 받았는데 당시는 '즐긴다'는 느낌과는 사뭇 동떨어진 두려움과 낭패감에 휩싸여 있었다.

이튿날 이른 아침 코펜하겐 부두에서 일행을 다시 만났을 때, 그들 중 몇이 깜짝 반가운 표정을 보였다. 그러나 그들은 대부분 아무 감정이 없는 무덤덤한 표정으로 우리들을 보았다.

여행의 마지막 날, 페테르브르그로 향하는 버스에서 하나 둘씩 내려서 자기의 주거지로 돌아갈 때에도, 아직 남아 있는 승객들에게 그들은 아무 인사도 없이 각자 조용히 사라져 갔다.

잘 닦여진 교양과 지성 때문일까, 아니면 슬라브 민족의 특성일까, 오랫동안 공산주의 정치체제 하에 단련된 자기 방어적 표정일까.

그러나 어떻게 생각해도 정나미가 떨어지는 모습이었다.

단 한 사람, 우리가 내심 친근하게 느꼈던 여자 – 외모가 동양인의 피를 받은 듯 황색이었던 – 가 내리면서 허리를 굽혀서 큰 소리로 작별의 인사를 하였다. 그녀는 내려서도 멀어지는 버스를 향하여 오래오래 손을 흔들었다. 아마 그녀의 몇 대 조상은 고려인이었을지도 모른다는 생각이 들었다.

좀 시끄럽더라도, 의견이 맞지 않아 서로 좀 다투는 일이 벌어지더라도, 감정 표현을 헤프게 해서 조금은 경박하게 보일지라도 인간미를 느낄 수 있는 그런 사람이 좋지 않을까.

여행을 마치고 모스크바에 돌아와 셋째 아이에게 우리의 느낌을 털어놓았을 때, 그 애는 "한 꺼풀만 벗기면 그들이 얼마나 따뜻한 사람인가를 알게 되어요."라고 했다. '한 꺼풀'이라도 근 열흘 동안이나 벗겨지지 않았다면 참 견고한 것이 아니겠는가. 나 또한 이 여행에서 헤픈 감정 표현을 하지 않으려고 노력하였던 것 같다. 헤밍웨이와 헬싱키에서 헤어질 때도 감정을 누르고 가벼운 악수만 하였다. 서양 영화에 나오는 장면처럼 열정적인 포옹이라도 할 걸 그랬나 보다.

이성이 발달한 사람보다 감성이 윤택한 사람들 사이에서 사는 것이 보다 행복지수를 높일 수 있는 일일 것 같다. 멀고 긴 '인생' 여행을 감성이 풍요로운 이들과 함께한다면 훨씬 더 행복해질 수 있을 것이다.

이혼박물관

크로아티아의 수도 자그레브에서 특별한 이름의 박물관을 보았다.

영문으로 'Museum of broken relationships'라 새겨져 있는데 적확한 우리말로 옮기기가 곤란하다. '이혼박물관' 또는 '실연박물관'이라고 옮길 수 있을지 모르겠으나, '이혼박물관'이라고 하면 'relationships'을 너무 부부관계로만 한정하는 의미가 될 것이고, '실연박물관'이라 하면 외연은 무난할 수도 있겠지만 피동적인 의미만 부각되는 결함이 있다.

아무튼 이 박물관은 사랑하는 사람과 사별했거나 이별했거나 이혼한 사람과의 추억이 깃든 물건들을 한 데 모아 전시해 놓은 곳이다. 전시품들은 인형에서부터 편지나 벨트, 시계 같은 다양한 물건들로 타인의 눈에는 평범해 보일 수도 있겠으나 당사자들에게는 아름다운 추억과 정겨운 사연이 담겨 있는 물건들일 것이다.

이 박물관은 크로아티아의 한 예술가에 의해 건립되었다는데, 국내는 물론 외국에까지 널리 알려진 후로 세계 여러 나라에서 기증된 물건들도 많다고 한다. 관계자의 말로는 앞으로 유럽은 물론 미국 등 여러 나라로도 이동 전시할 예정이라고 한다.

그런데 잠깐 스쳐 지나온 한 나그네에게는 쉽게 이해할 수 없는 일들이 계속 남아서 기억 속에 어른거린다.

자그레브의 광장 중앙에 건립된 마르코성당의 앞쪽으로 약간 경사진 길을 따라 내려가노라면 우측 길가에 이 나라 최초의 결혼예식장이라는 건물이 서 있다. 겉으로 보기에 상당히 큰 건물인데 언제 건립된 것인지는 모르겠으나 - 아마 몇 백 년은 되었으리라 - 지금도 결혼예식장으로 사용되고 있는 현장임을 목도할 수 있었다.

그런데 이 예식장에서 어림잡아 60~70m밖에 되지 않는 거리의 맞은편에 '이혼박물관(?)'이라는 건물이 서 있는 것이다. 오랜 역사의 유서 깊은 결혼식장과 아주 가까운 거리에 이혼박물관이 마주 서 있다는 것은 아무리 생각해도 명쾌하게 이해되지 않는다. 이혼박물관 건립자의 의도적 행위일까, 아니면 우연히 그렇게 된 결과적 현상일까?

서로 열렬히 사랑하여 일평생 해로할 부부가 될 것을 맹

약하는 예식을 했던 것은 무엇이고, 또 언제 헤어져서 아쉽고 그리운 사람의 체취가 서려 있는 물품들을 그 결혼예식장과 바로 이웃이나 다름없는 곳에 버릴 수 있는지. 물론 이 이혼박물관에 사랑의 신표를 버린 사람들이 모두 그 이웃해 있는 결혼식장에서 결혼한 것은 아닐 테지만, 적어도 자그레브 시민들 중에는 많지 않을까 생각된다.

박물관을 세워 전시한다는 것은 다분히 관광객의 관심을 유발하려는 상업적 의도가 있는 행위 같아 보인다. 그렇더라도 그 기발한 착상에는 감탄을 금할 수 없다.

또 하나는 전시된 물품들은 당사자들이 오래 간직하고 싶어도 간직할 수 없었던 어떤 불가피한 사정을 지닌 것들인가, 아니면 간직하고 싶지 않아서 박물관에 가져다 놓은 것들인가 하는 의문이 생긴다는 것이다. 전자의 경우라면 쉽게 공감하고 이해할 수 있는 일이다.

그러나 후자의 경우라면 두고 생각해 봐야 할 여지가 있다. 이 곳 사정에 밝고 관광객들을 자주 안내하고 있는 가이드의 말을 들어보면 후자 쪽에 가까울 것이라 판단된다. 가이드는 "빨리 잊어버리기 위해 이곳에 갖다 버린 것들이어요!"라고 하였다.

동서양을 막론하고 사랑의 풍속도가 날로 달라지고 있는 것은 어쩔 수 없는 일이다. 그러나 어떤 상황에서도 쉽게 변할 수 없는 정서적 진실은 시대를 초월하여 존속할 수 있을 거라고 나는 생각한다.

"구슬이 바위에 떨어진들 끈이야 끊어지겠습니까?

즈믄 해를 외로이 살아간들 믿음이야 끊어지겠습니까?"

라고 노래한 고려 여인들의 웅숭깊은 사랑처럼 천년을 두고 변치 않을 사랑의 진정성은 시대와 장소를 초월할 수 있을 것이다.

그러나 우리 주변의 현실은 믿고 싶지 않을 정도로 날로 삭막해져 가고 있다. 연인 간의, 부부 간의 만남과 헤어짐이 너무나 가볍고 헤프게 벌어지고 있는 것이 현실이다. 한때는 서양 사람들의 황폐한 애정행각을 닮은 피상적 현상일 거라 치부한 적도 있었다. 그러나 날이 갈수록 통계수치는 상승곡선을 보이고 있다. 젊은이들에 한정된 현상이 아니라는 데 문제의 심각성이 있다.

과거의 남편이나 아내, 또는 연인과의 추억을 고이 간직하고 싶은 마음이 전혀 남아 있지 않고 지난 사랑은 속히 잊을수록 좋다는 약삭빠른 계산이 나올 수도 있을 것이다.

아름답고 고귀한 추억을 지닌 물품들을 이젠 쓰레기처럼 버리게 되고, 그런 물건들을 받아서 전시까지 해주는 박물관이 생긴 것을 고마워하는 사람들이 날로 늘어나게 되겠지!

박물관이라고 해서 모두 다 그 존재 의의와 가치를 지니고 있는 것은 아닐 것이다. 이혼박물관이 꼭 있어야 할 필요성이 있을 것인지도 의문이거니와, 이혼이나 이별이 마치 무슨 표장表裝해야 할 일처럼 미화되는 것도 당치않은 일. 유교적 전통사회에서 자라온 나그네의 눈으로는 쉽게 공감할 수 없었다.

제발 이런 왜곡된 인간관계가 우리나라에서는 유행(?)되지 않았으면 좋으련만, 그것도 모를 일이다

약초와 독초

"지자知者는 요수樂水요 인자仁者는 요산樂山이라"는 공자의 말이 유난히 마음에 닿았었다. 그래서 치기 많던 20대 시절에는 어질고도 지혜로운 사람이 되고 싶은 욕심으로 "바다가 보이는 높은 산을 좋아한다."고 물과 산을 한꺼번에 떠들었다.

어질면서도 지혜로움을 갖춘 사람이 마음먹은 대로 쉽게 될 수 있는 일인가? 그것은 성인군자에게서나 기대할 수 있지, 나 같은 범부는 감히 꿈도 못 꿀 일이라는 것을 나이테가 늘어 가면서 깨닫게 된다.

그래서 지자나 인자가 되는 것은 접어두고 산이든 강이든 순수한 자연으로서 좋아하자고 마음먹었을 것이다. 아니, 그렇게 마음먹기 전에 도시생활에 부대끼면서 부지중에 좋아하게 되었으리라. 언제부터인지 나는 강보다 산을 더 가까이하며 살아가고 있다.

미국 메릴랜드주에 특이한 이름의 산이 있다. 'Sugar loaf Mountain'(설탕덩어리 산?), 설탕과 무슨 관련이 있는가 싶었는데 나중에 알고 보니 산 모양에서 유래된 이름이라고 한다. 브라질에도 똑같은 이름으로 불리는 산이 있다고 한다. 브라질에서는 사탕수수를 끓여서 정제한 후에 '슈가로프'라고 부르는 원뿔 모양의 진흙 용기에 보관하는데, 산의 모양이 꼭 그 용기를 닮은 데서 유래되었다는 것이다.

메릴랜드 주 몽고메리 카운티에 속해 있는 이 산은 높이가 391m로서 친근미 있고 아담하였다. 미국은 원래 광대한 나라여서 산이라고 하면, 요세미티나 아파라치산맥처럼 험준하고 장엄한 산들을 떠올리게 된다. 그런 산들은 우리나라 산과는 달리 웅장 거대하고 위압적이어서 인간을 쉽사리 용인하려 들지 않는 듯한 느낌을 받게 된다.

그런데 이 슈가로프산은 우리나라에서 흔히 볼 수 있는 뒷동산 같아서 내 나라 땅처럼 다정스러웠다. 원시림처럼 절로 자란 초목들이 우거져 있고, 정상에 오르는 길도 여러 방향으로 나 있었다. 승용차로 숲의 터널을 뚫고 산 중턱까지 갈 수 있는데 마치 심산유곡을 방불케 하였다. 100여 개의 돌계단과 나무계단으로 정상에 오르니 동서남북 일대가 한눈 아래 드러나 보였다. 멀리 아파라치산맥이 아스라이 하늘과 맞닿아 있고, 바로 눈 아래는 목초지와 골프장들이 줄긋듯이 펼쳐져 있었다.

이 산에서 바라다 보이는 주위의 경관보다는 이 산이 안으로 품고 있는 미덕이 더 좋고 아름답게 느껴졌다.

산 입구에서 안내문을 읽어보니, 1947년에 고든 스트롱(Gordon Strong)이라는 사람이 조성한 신탁기금으로 등산로와 그 밖의 관광시설들을 만들고, 현재까지 유지 보수하고 있다고 하였다. 우리나라 같으면 국립공원이나 도립공원으로 보호함 직한데 일개 주식회사에서 관리하고 있으면서도 입장비나 주차비 등은 한푼도 받지 않았다. 주택지로부터 별로 멀지 않아 가벼운 차림으로 나온 시민들이며, 자연학습을 나온 학생들에게도 좋은 휴식처와 학습장이 되었다.

이 산에는 4천몇 백 종의 나무와 꽃들이 서식하고 있다는데 그 가운데서도 지천으로 피어 있는 만병초萬病草, rhododendron에 마음이 끌렸다. 만병초는 우리나라에서도 흔히 볼 수 있다는데 그동안 나는 모르고 있었다. 한약제로서 풍사風邪를 몰아내고 경락經絡을 통하게 한단다. 이역만리 타국 땅에 와서 만병초에 관심을 기울이게 된 것은 독성 있는 담쟁이넝쿨 때문이었다.

이 담쟁이넝쿨(poison ivy)은 아무데서나 잘 자라는데, 어릴 때는 앙증맞은 잡초처럼 보이다가 커가면서 담쟁이넝쿨의 모습으로 큰 나무 등걸을 타고 오른다. 독성을 지니고 있어서 함부로 만지거나 피부에 닿으면 곧 부작용을 일으킨다. 피부가 가렵고 진물이 나는데 그 진물로 옮아서 온몸으로 번지면 크게 고생한다고 한다. 이 넝쿨을 불에 태운 연기만 마셔도 허파를 손상시켜 생명이 위험하다니 산에 오르면서도 조심하지 않을 수 없었다.

미국 땅에서 모처럼 야트막한 산에 올라 에덴동산에서나 느낄 법한 행복감을 느끼고 있는데 바로 내 발부리 끝에 맹독을 지닌 담쟁이가 있다는 경고를 들으니 충만한 정감은 산산조각이 나버리고 말았다. 왜 이런 아름다운 동산에 인간에게 이로운 만병초와 함께 맹독을 지닌 담쟁이가 태어나게 되었을까? 이 담쟁이 때문에 금시에 마음속에 일어나는 이해利害, 정사正邪, 시비, 곡직曲直, 화복禍福 같은 상호 길항拮抗하는 감정에 빠지게 되다니!

태초에 창조주는 이 지상의 모든 생명체들을 평등하고 아름답고 조화로운 모습으로 살아갈 수 있도록 만드셨을 텐데, 인간중심주의적 선악과 이해의 관념으로 자연계를 함부로 판단하고 분별하고 있는 것은 아닐까?

장미꽃이 향내와 가시를 지니고 있듯이 만병초나 담쟁이 넝쿨이 향기나 독성을 지니게 된 것도 생명 그 자체의 한 특성이요 개성일 텐데, 이를 호오好惡의 관념으로 분별하려는 것은 온당치 못한 일인지도 모르겠다.

어쩌면 우리는 이 산속의 초목 같은 존재들이 아닐는지? 이 숲속의 초목들처럼 다 제 나름의 특성을 지니고서도 서로 잘 어울려 살 수 없을 것인지? 석양녘에 접어들면서 점차 어두워져 가는 산길을 찾아 조심스럽게 내려왔다.

둑길을 걸으며

양재천 둑길을 걷는다. 지금은 가을도 깊어가는 10월 중순. 나뭇잎들이 제 철을 알고 하나 둘 물들어가고 있다. 수목들도 겨우살이 준비를 하고 있는 모양이다. 그러나 나무들이 잎을 모두 떨어뜨릴지라도 쓸쓸해 보이지는 않을 것이다. 그들이 성실히 임무를 마쳤기 때문이며, 또 그를 배경으로 한겨울 풍광들이 그만큼 조화롭고 아름다우니까.

천변에 무성하던 갈대숲이 바람에 나부끼고, 그 아래 팔뚝보다 더 큰 잉어 떼들이 헤엄치고 있는 풍경들은 수도 서울의 경치라 믿어지지 않는다. 벌써 설악산의 단풍 소식이 들리기 시작했으니, 양재천에도 머지않아 화려한 가을길이 우리의 눈을 즐겁게 할 것이다. 특히 강남수도사업소와 혈액원 사이를 연결하는 다리 위에서 바라보면 복잡하고 시끄러운 서울 시내라는 생각이 들지 않는다.

양재천은 계절에 따라, 날씨에 따라 제각각 다른 얼굴로 나타난다. 모양을 바꾸는 것이 아니라, 자연의 이법에 따라 순응하는 것이리라.

봄날 아침이나 늦여름 저녁나절 구룡산과 대모산을 타고 내려오는 짙은 안개는, 걷는 사람들로 하여금 마치 환상 속의 어느 골짜기를 산책하고 있는 게 아닌가 생각하게 한다.

복수초가 아직 해동되지 않은 땅을 헤집고 노란 새싹을 내보이고, 버들가지에 움이 돋을 때쯤이면 산비둘기 울음소리도 들린다. 줄지어 늘어선 벚나무들이 꽃봉오리를 터뜨리기 시작하면 진해의 벚꽃만은 못해도 서울 시내 몇 군데 이름난 벚꽃 장관에도 지지 않는 경치를 보일 것이다. 벚꽃은 꽃잎이 피어날 때의 찬란함보다 바람에 눈처럼 나부끼며 떨어질 때가 더 애잔하게 아름답다.

연이은 열대야에 시달리는 한여름 밤에도 영동 3교와 4교 사이 노둣돌에 앉아 시냇물에 발을 담그면 깊은 산골 샘물처럼 시원하고도 상쾌하다.

봄부터 겨울까지 둑길의 수목들은 터널을 이루어 지나는 사람들의 마음을 깊고 조용한 공간으로 안내해 준다. 둑길 아래에도 메타세쿼이아가 도열하고 있어서 처음 보는 사람들은 서울에도 이런 곳이 있느냐고 놀라곤 한다. 겨울 찬바람이 부는 날 눈이 내려앉은 둑길을 걸어보면, 그림처럼 가라앉은 풍경이 내 마음을 차분하게 해준다.

우리 집은 지은 지가 30년이 훨씬 넘어서 지하주차장도 없고 불편한 점이 한둘이 아니지만 훌렁 떠날 수 없는 것은 양재천을 떠나기가 싫어서이다. 아마도 집값의 절반쯤은 양재천의 값일 거라는 이웃들의 말이 과장이 아닌 것 같다.

동네의 헬스장에 가는 대신 매일 저녁 양재천을 걷는 것으로 운동량을 채우는 사람들이 많다. 양재천을 지나는 사람들 중에는 정장차림을 한 사람들이 적지 않는데 그들은 양재천을 걸어서 출근도 하고 퇴근도 하는 사람들이다. 바빠서 운동을 못하는 사람들에게 일거양득하는 방법이 될 것이다.

나는 양재천을 이웃하여 사는 것을 감사하고 좋아하고 자랑한다. 그러나 어떤 풍광도 그 풍광이 되게 이룩해온 손길들이 있을 것이다. 즐길 줄만 알고 가꾸지 않는다면 양재천은 진작 얼크러진 잡목 숲이 되었거나 볼품없는 정글이 되었을 것이다.

이른 아침이나 저녁 늦게 걸을 때에도 담배꽁초나 휴지 조각 하나도 쉽게 발견할 수 없다. 공중 화장실은 이제 막 청소를 한 것처럼 정결하고 은은한 향내와 잔잔한 음악소리로 그것이 화장실이라는 것을 잊어버리게 한다. 날마다 시간대 별 점검사항이 세밀하게 기록된 표지판이 부착되어 있는 것을 보면, 얼마나 철저하게 관리되고 있는지 알 수 있다.

영동 3교, 4교, 5교, 6교 아래는 사계절 열린 무대다. 통기타, 클래식기타, 색소폰 등 각종 악기의 공연은 물론 노래자랑과 에어로빅 등 다양한 놀이도 벌어진다.

"산천은 의구하되 인걸은 간데없다."는 시구는 옛사람의 풍월이다. 세상은 변하고 산천도 변한다. 인걸이야 수시로 바뀌어 우리의 마음을 허망하고 속절없게 하지만, 산천은 인심보다 정직하게 변하기 때문에 보는 사람의 마음을 숙연하게 한다.

그동안 꾸준히 묘목을 심고, 보식을 하고, 무궁화동산과 같은 테마공원을 조성하는 등 세심히 가꾸고 관리를 해온 분들이 땀 흘려온 노고에 감사의 마음을 전하고 싶다. 양재천과 그 주변의 자연이 언제까지고 이대로 잘 보존되었으면 좋겠는데 혹시, 더 잘 만들겠다는 과욕으로 자연의 미를 훼손하고 너무 인공미를 내세우지 않았으면 좋겠다.

바다에서 바다로

첫날밤이라 긴장하고 설렌 탓인지 새벽 3시에 잠을 깼다. 동해항을 떠난 것이 7월 2일 오후 6시 좀 지나서였다. 줄곧 9시간을 달린 셈이다. 독도까지 직선거리로 80km가 못 된다니 아마 지금쯤 거의 독도 인근에 도착했으리라 예상하면서 1층 갑판으로 올라가 봤다.

그러나 우리가 탄 향로봉함은 칠흑 같은 어둠 속 동해바다를 지난밤부터 한결같은 속도로 독도를 향하여 달리고 있었다. 아마 독도의 일출 시간에 맞추어 도착시키려고 가장 경제적인 속도로 운항하기 때문인가 생각되었다.

5시경 독도 부근에 접근하고 있다는 말이 들렸다. 부리나케 2층 갑판 위로 올라갔더니 이미 여러 사람들이 나와 있었다. 아직 날은 밝지 않았는데 성긴 빗방울이 바람 끝에 빗겨 내리고 희부연 안개 속에 독도의 모습이 드러나고 있었다.

아! 사랑하는 내 나라 땅 독도가 바로 눈앞에 있구나!

사위는 점차 밝아지고 있으나 짙게 내려앉은 검은 구름과 안개 때문에 일출의 광경은 볼 수가 없고, 독도의 근경도 선명하게 식별할 수는 없었다.

독도는 동도와 서도 두 개의 섬이 마치 쌍둥이처럼 서로 마주 보고 있는데 동도 상봉에는 등댓불이 밝게 빛나고, 서도에는 뾰족한 원추형의 상봉이 동도보다 훨씬 높이 하늘로 치솟아 있었다.

엔진이 정지된 함정이 동도 가까이 떠 있더니, 잠깐 사이에 서도 발치로 떠내려가고 있었다. 그때까지 독도 상륙에 관하여 아무런 소식이 없다가 드디어 상륙 불가 판정이 내려졌다는 것이다.

너무나도 안타깝고 애석하였다. 바람도 잔잔하고 파도도 별로 크게 일지 않는데 이게 웬일이냐고 여기저기서 볼멘소리들이 터져 나왔다. 어떤 사람은 "내가 해변에서 살고 있기 때문에 잘 아는데 이런 파도쯤은 아무 염려할 필요가 없어요!"라고 투덜거렸다.

나는 내심으로 연안바다와 심해의 조류나 유속이 다를 것이고, 아마 고무보트를 타고 접안해야 하는 위험성도 고려해야 할 것이며, 온 나라가 세월호 사건으로 고통을 겪고 있는 때라는 것도 유념해야 할 일이 아닐까 생각했다.

드디어 뱃머리는 울릉도가 있는 방향으로 바뀌어 흰 물살을 일으키면서 나아가고 있었다. 벼르고 별러 왔더니 이렇게 허무하게 끝나버린단 말인가! 어디선가 나타난 갈매기들만 우리 함정의 주변을 맴돌고 사면을 둘러봐도 눈안에 드러나는 사물 하나가 없었다.

우리 일행은 120명으로 남성들은 뱃머리를 향하여 좌측에, 여성들은 우측에 마련된 침실로 배정되어 있었다. 내가 속한 4조 11명은 '제7 상륙군 침실'에서 잠을 잤다. 중앙 복도 양옆으로 3층 구조의 철제침대가 설치되어 있었다.

각 조의 침실에는 안내요원과 안전요원이 각 1명씩 배치되어 정 위치에 대기하였기 때문에 조금도 불편한 점이 없었다.

손님 맞을 준비를 잘 갖추어 둔 상태로 침대에는 베개와 모포가 단정하고 정결하게 놓이고, 군함이라는 느낌을 전혀 느낄 수 없을 만큼 실내는 안온하였다. 선실에서 만나는 모든 장병들은 우리들에게 먼저 공손히 인사를 하고, 혹 무슨 질문이라도 받으면 친절하면서도 예의 바르게 설명해 주었다. 그동안 카페리 같은 배를 타고 바다여행은 가끔 했지만 해군 함정을 타고 하는 여행은 처음이었으므로 모든 것이 새롭고 신기하기만 했다.

당초 예정되었던 여행 일정이 '세월호 참사'로 인하여 연기되고, 바다여행에 대한 안전성 여부가 크게 부각되던 때였으므로 소심한 분들은 적잖이 포기하기도 하였을 것이다. 어떻든 나는 안전성을 가장 신뢰할 수 있는 우리 해군 함정 여행의 기회를 놓치고 싶지 않았다.

함정에서는 세끼의 식사를 하였다. 첫날 저녁 식사, 그리고 둘째날 아침, 점심 등 각 조별로 순서를 따라 식당으로 안내되어 뷔페식 식사를 하였다. 끼니마다 식단이 달랐으며 국이나 반찬의 내용도 질적으로 우수하였다. 나는 식도락가도 아니고 영양학자도 아니므로 구체적으로 언급할 입장은 아니지만, 솔직히 우리 집에서 먹던 음식보다 더 잘 짜여진 식단이 맛있고 좋았다.

선실 안의 식당이 아니라, 마치 오랜 전통을 지닌 어느 정통 한식당에서 식사하는 것으로 착각할 정도였다. 잘 익은 갓김치, 파김치가 있는가 하면, 시원한 총각김치도 있고, 싱싱한 풋고추에 쌈장이랑 명란젓도 있었다. 쇠고기나 돼지고기 볶음은 물론 두부, 애호박부침 등이 번갈아 나왔고, 도가니탕도 있었다. 음식 하나하나가 잘 요리되었을 뿐만 아니라, 영양도 균형을 잘 맞춘 것 같았다.

혹시 우리 일행을 의식하여 특별히 준비한 음식이 아닌가 하는 생각이 들어 맞은편에서 식사하는 어느 장교님에게 물었더니, 그분도 자신이 없는지 식당 사병에게 물었다.

"OOO 하사! 이거 특식인가?"

"특식은 내일 나오는데요."

라는 식당 사병의 대답이었다. 우리를 위해 특별히 마련한 음식이 아니라는 것이다.

나는 1960년대에 군복무를 하였는데, 그 시대의 열악하던 식단 내용을 말하자면 끝이 없을 것이다. 내 나이 20대 병영식당 풍경이 자꾸만 오버랩 되어 왔다.

우리나라의 국력이 강해졌음을 군대 식사 하나만 가지고도 웅변적으로 실증할 수가 있을 것 같다. 해군 함정에서 세끼의 식사를 하면서 나는 정말로 행복하였다. 음식이 내 맘에 들어서도 그랬지만, 국방에 헌신하고 있는 우리 후세들에게 이렇게 좋은 대우(?)를 해줄 수 있는 국력을 지닌 나라의 국민이라는 데서 느끼는 행복감이었다.

울릉도에 도착한 것은 12시 가까운 시간이었다. 하선 시간을 기다리고 있는데 독도에서와 같이 상륙할 수 없다는 연락이 왔다. 우리는 승선한 채 섬을 둘러보고 다시 동해항으로 돌아가게 되었다. 제주도를 거쳐 남해안으로 올라오고 있는 장마전선의 영향으로 내일부터 울릉도의 모든 선박들은 출항 금지령이 내려졌다는 방송을 하였다. 머뭇거리다가는 울릉도에 묶여 있게 된다는 우려로 귀항을 서두르게 된 것이다.

면 발치로 건너다본 울릉도는 선경을 방불케 하는 경관이었다. 우리의 섭섭한 마음을 위무해 주려는 듯 향로봉호는 천천히 울릉도의 주위를 돌아 주었다.

나는 삼층 조타실 좌측 전면에 설치된 고성능 망원경을 통하여 주마간산 격으로 여린 안개에 싸여 있는 울릉도의 경관을 살펴볼 수 있었다.

울릉도 개척민이 정착하여 이루었다는 천부마을, 천부항에서 해안길로 1.5km 지점에 우리나라 유일의 지하수 발전소라는 추산수력발전소, 추산 앞바다에 서 있는 코끼리바위, 약 3km 지점에 있는 열두 고비의 현포항, 그 너머 동남동녀의 전설을 간직한 성하신당이 있는 태하리, 태하리에서 학포를 거쳐 구암마을, 퉁구미마을의 거북바위, 울릉도에서 유일한 백사장 해수욕장이 있다는 사동리 등에 관하여 주위의 병사들 설명을 들으면서 망원경의 초점을 맞추느라 정신이 없었다.

마치 우리의 이번 목적이 독도가 아닌 것처럼 독도가 아닌 동해의 다른 곳인 것처럼 쓸쓸한 마음을 다른 경치에 맞추었던 것이다.

독도를 보러 열 번을 와도 정작 입도할 수 있는 것은 한두 번에 불과하다고 말하는 사람들도 있었다.

나는 그 오랜 세월에 단 한 번 왔으니 그가 문을 열어줄 리가 없었을 것이다.

그냥 되돌아오면서 입속으로 웅얼거렸다.
"그대가 부를 때 다시 찾아가리라."

불편한 인과 관계

일본 여행의 마지막 날 일정은 나가사키였다. 우리는 안내자가 이끄는 대로 평화공원과 원폭자료관을 둘러보았다. 원자폭탄이 투하된 곳이라는 사실을 알리고도 남을 만큼 큰 규모로 많은 자료를 전시하고 있었다. 시계도 1945년 8월 9일 11시 2분, 원자폭탄이 투하된 순간에 멈춰 있고, 폐허로 변한 거리에 뒹구는 시체의 사진과 실물들이 전시되어 있었다.

세계 각국에서 보내온 메시지를 새겨놓은 기념비와 기념식수, 다양한 이미지를 표현한 조각품들이 배치되어 있는 공원 , 그 중심부에 세워진 9.7m 높이의 기념상과 바로 옆의 '절학折鶴의 몽夢'이라는 탑.

나는 그것들을 돌아보면서 뭔가 마음 깊은 속에서 꿈틀

거리는 불편한 느낌을 지울 수 없었다.

그 불편의 한가운데에 '평화'라는 말이 있었다.

평화를 지향하고 원한다는 말이겠지, 그러나 공주에게는 공주가 되고 싶어 안달하는 '공주병'이 없듯이. 평화로운 상태에서는 굳이 '평화'를 내세워 강조하지는 않을 것이다.

우리나라에도 제주도에 '4 · 3 평화공원'이 있고 충북 영동군에 '노근리 평화공원'이 있다. 또 실현될는지 확실하지 않지만 최근 대통령이 제안한 'DMZ 평화공원'도 떠오른다. 이들은 모두 평화와 대치되는 역사를 가진 지역의 이름이면서 동시에 평화를 절실하게 열망하는 이름이다.

젊은 시절, 철학개론 시간, 교수님은 인간이 추구하는 정신 가운데 가장 아름다운 가치가 무엇이냐고 물었었다. 많은 학생들이 자신만만하게 "사랑입니다."라고 대답했다.

그러나 교수님이 제시한 정답은 '평화'였다. 평화가 사랑보다 상위 차원이라는 것이었다. 당시에는 얼른 동의하기 어려웠다. 아마도 피 끓는 젊은 시절이었기 때문이 아니었을까 생각된다. 하루하루의 삶도 희망과 사랑도 평화를 밑받침하고서야 존립할 수 있다는 것을 깨닫는 데에 그리 긴 시간이 필요하지는 않았다.

거리를 걷다보면 교회나 시장, 가게의 상호에 이르기까지 평화를 내세운 이름들은 많다. 그러나 그 말은 언제나 관념과 추상에 머무르고 만다. 서로 다른 이념과 사상, 체제의 대립과 갈등으로 평화롭지 못한 현실 속에 반세기가 넘게 살아오면서 우리들은 평화라는 말을 이상 속에 떠올리는 먼 나라의 표어처럼 그리워하고 있는 것 같다.

그러나 일본이 평화공원을 조성한 의도는 우리와 다르다. 그들의 평화공원은 사건의 전말을 묻어놓고 결과로 나타난 증상만을 호도하여 적반하장의 핑계와 변명을 마련하려는 분출구로 보인다. 물론 그 이면에는 원폭피해자라는 희생자가 있었다.

일본은 '대동아전쟁'이라고 미화하면서 동아시아 여러 나라를 무력으로 지배하고 죄 없는 타국 백성들을 징용하여 그들의 야욕을 위한 희생물로 삼았다. 그 전쟁이 왜 시작되었으며, 원자폭탄이 왜 투하되게 되었는지에 대한 단 한 마디의 반성과 성찰은 없이 폭탄투하로 입었던 피해와 참혹상만을 전시하고 있는 그들은 참으로 철면피하다.

'날개가 꺾인 학의 꿈(절학의 몽)'이 형상화된 탑을 둘러보면서 "그래서 어쨌단 말이냐?"라고 나는 속으로 중얼거렸다. 많은 종이학을 매달아놓고 있는 것으로 볼 때, 여러 사람들의 꿈이 짓밟힌 의미의 형상화로 볼 수도 있겠지만, '일본제국의 꿈'이 짓밟혔다는 의미를 내포하고 있는 것이다. 일본의 꿈은 평화가 아니라 세계제패였고 그것은 평화를 희생하면서 관철하려던 야심이었다.

1945년 8월 15일 히로히토 일본왕의 항복선언(대동아전쟁

종결조서)'에는 전쟁에 대한 사과나 패배 인정에 대한 언급은 없고, 오히려 "연합군의 원자폭탄에 일본이 큰 피해를 당했다… 미국과 영국에 선전포고한 까닭도 제국의 자존과 동아시아의 안정을 열망함이지, 타국의 주권을 배제하고 영토를 범하는 것은 짐의 뜻이 아니었다."라고 하였다. 그로부터 반세기를 훌쩍 넘긴 지금도 그들은 그때와 조금도 달라진 것이 없다. 그들에게 무엇을 기대할 수 있겠는가.

전쟁을 일으킨 최고 책임자가 '동아시아의 안정'을 위하여 전쟁을 일으킨 것이라고 궤변을 늘어놓은 것을 보면, 그들의 역사인식이 얼마나 자기기만에 매몰되어 있는지 알 수 있다.

최근 아베정권의 우경화 경향은 그동안 줄곧 잠복돼 왔던 지배적 욕망이 정치가들의 정권야욕 때문에 표면화되고 있는 현상으로 결코 일시적으로 끝날 일이 아니다. 조그만 어촌의 문제로 시작한 시마네현의 독도문제를 끈질기게 확대 재생산해 오면서 국제적 분쟁으로 확산해 가려는 그들의 치밀한 전략을 보면서 우리들 후세대를 염려하지 않을 수 없다.

전쟁을 위한 평화는 있을 수 없어도 평화를 위한 전쟁은 있어 왔고, 또 앞으로도 일어날 수 있을 것이다.

평화공원? 납득이 되지 않은 부르짖음처럼 판단력을 흐리게 하는 이름이다.

더욱 큰 문제는 그들이 아직도 상극과 갈등 저주와 원한 같은 통렬한 적대감정을 극복하여 조화롭고 화평한 미래를 열어가려고 하지 않는다는 점이다.

나는 그저 법을 지키는 소시민에 불과할 뿐 투철한 애국심의 소유자라고 생각해본 적은 없다. 그동안 우리나라의 정치가들도 무수히 여기를 다녀갔을 것인데 이 공허하고 쓸쓸하고 노여운 느낌은 나만의 이상한 과민반응인지 판단하기 어렵다.

시간은 벌써 오후로 접어들고 있었지만, 넓은 광장을 지나 층계를 내려오면서 아침에 먹은 것이 아직도 소화가 되지 않은 것처럼 속이 더부룩하였다.

하산하면서

지난해에 크로아티아를 여행하면서 뜻하지 않게 파클레니카(Paklenica) 국립공원을 오르게 되었다. 거기는 다양한 등반 코스가 있어서 취향에 따라 선택할 수 있었고, 암벽의 중요한 지점이나 위험한 곳마다 눈에 띄도록 표지를 해 두었다.

가이드는 젊은이들에게만 등산을 권유하고 내 나이 또래에게는 가지 않았으면 하는 눈치였다. 그러나 오를 수 있는 데까지는 올라보자는 마음으로 산중턱을 넘어갔는데 만일 시간에 쫓기지만 않았다면 완주했을지도 모른다.

파클레니카는 유네스코에서 지정한 생태보전 지역이라고 한다. 석회질로 이루어진 산봉우리와 깊은 계곡들이 특이하였다. 거의 수직으로 솟아 있는 바위산의 크고 작은 봉

우리들은 형용할 수 없을 만큼 기기묘묘하였고, 가파른 등산길 전면에 드러나 보이는 계곡은 거의 4~500m는 됨 직한 절벽이 양쪽에서 삼각형 빗면처럼 V자형을 이루고 있기도 하였다.

이 산은 암벽등반에 적합한 곳으로 널리 알려지기도 했지만 아드리아 해의 아름다운 풍치도 즐길 수 있어서 유럽의 여러 나라에서 등산객들이 끊임없이 모여든다고 한다.

내려오면서 둘러보니, 가족 등산객들이 많았다. 특히 어린 자녀들을 이끌고 오는 젊은 부부들이 많았다. 한 여인은 아직 젖도 떼지 않은 아이를 앞가슴에 묶어 안고, 남편은 서너 살쯤 된 아이를 큰 배낭 위에 태우고 가파른 산길을 올랐다.

어떤 암벽 아래에서는 깎아지른 암벽에 매달려 있는 한 아이를 올려다보면서 여러 사람들이 웅성거리고 있었다. 허리에 로프를 묶은 채 매달려 있는 애는 초등학교 2학년쯤의 소녀였다. 구경꾼들 말로는 저렇게 매달려 있는 것이 아마 한 시간 정도는 넘었으리라는 것이었다. 또 깎아지른 절벽 위로 다섯 살도 채 못 돼 보이는 어린 아들을 밀어 올리며 제 힘으로 줄을 붙잡고 기어오르도록 젊은 아버지가 진지한 표정으로 격려하고 있었다.

"세상에는 장난감과 과자와 재미나는 놀이만 있는 것이 아니란다, 네가 혼자 해결하지 않으면 안 되는 무서운 일도 있고, 전력을 다해서 인내하고 극복해야 할 어려운 일도 있단다." 부모가 어려서부터 실제 삶의 현장에서 몸으로 가르치고 있는 교실 같았다.

우리나라 부모들 같으면 이렇게 험한 등산길에 아이들을 데리고 오지 않을 것이다. 혹시 데리고 온다 해도 암벽등반을 가르치려고 절벽 위로 자식을 밀어 올리지 않을 것이다.

우리는 응당 어린애들이 해야 할 일도 '엄마 아빠가 다 알아서 해결할 테니, 너는 아무 걱정 말고 공부나 해라.'고 한다. 부모야 돈에 쪼들려 빚을 지든 말든 입시에 중요한 과목들은 사교육을 시켜서라도 일류대학 합격을 목표로 몰고 있는 것이 한국 학부모들이 하고 있는 일이다.

그리고 대학에 합격한 후에는 부모나 아이나 합격 그 자체로 큰 효도라도 한 것처럼 생각한다. 고등학교 졸업 이후에는 독립하여 스스로 학비를 벌어 공부를 하고 결혼을 한다는 서양의 젊은이들과는 비교하기조차 어려운 일이다.

일부 단편적 현상을 전반적 경향인 양 보편화시키는 것은 옳지 않지만, 우리와는 판이한 자녀교육 방법인 것이 분명하다.

자식들의 미래를 우리는 예측할 수 없다. 장차 어떤 역경이나 난관에 처하더라도 극복해 낼 수 있는 지혜와 인내력을 가르치는 것이 부모의 유산이요 책무일 것이다. 성적이 오르지 않는다고, 부모가 나무랐다고, 사귀던 여자 친구가 떠났다고 걸핏하면 목숨을 끊어버리는 한국의 젊은이들. 그 책임은 기르고 가르친 기성세대에게 있지 않을까.

어렸을 때부터 산 체험을 통하여 모험과 도전정신을 배운 저들 속에서 빌 게이츠와 스티브 잡스, 래리 페이지(Larry Page, 구글 창립자)와 저커버그(Zuckberg, 페이스북 창립자) 같은 창조적인 인물들이 나타났을 것이다.

이제 내가 가르쳐야 할 자식들은 이미 다 커버렸다. 손자나 손녀들을 상관하고 가르칠 만큼 내 능력의 한계를 넓힐 수 있을는지 모르겠다. 아직도 인라인스케이트를 포기하고 싶지 않듯, 할아버지의 영역을 확보하고 싶다. 그러나 이제 하산 길에 들어선 발길, 실족하지나 않도록 조심할 일이다.

산빛은 시간 따라

그동안 건강을 위하여 몇 가지 운동을 해보았으나, 그 나름대로 한계와 제약이 있어서 흡족하지가 않았다.

십수 년을 계속해 온 수영은 이젠 운동량이 시원찮게 느껴져 마음에 차지 않고, 골프는 비용이 많이 들 뿐만 아니라 부킹이다 뭐다 하여 치고 싶은 날, 치고 싶은 사람들과 함께하기가 어렵다. 더군다나 나이가 들어 시작했더니 유연성이 부족하여 볼품없는 폼에다 발전도 더뎌 남사스럽기도 하다.

요즘엔 헬스클럽에 다니고 있는데 실내에 충만한 열기와 넘치는 생명력에 동화되어 운동하는 재미가 쏠쏠하다. 20여 가지의 운동기구를 골고루 이용하다 보면 어느덧 지나치게 되어 자제를 하고 있다.

그동안 다니고 싶어도 시간이 없어서 못했던 등산을 이제는 실컷 다녀 보려고 노력하고 있다. 등산클럽에 가입하여 몇 번 참여하여 보았으나 날짜와 장소 등을 내 마음대로 맞출 수가 없어 불편하고, 마음에 맞는 몇몇 친구들과 가끔 함께 해 보기도 하지만 그런 기회를 만들기가 그리 쉽지가 않다.

그래서 틈나는 대로 혼자라도 다녀보기로 하였다. 등산을 하기로 작정한 이후 새로이 알게 된 사실은 등산 인구가 엄청나게 많다는 것이다. 대개 주말이면 웬만큼 이름 있는 산은 말할 것도 없고, 그저 범상한 산길에도 사람들의 발길로 소란하기 십상이다. 그래서 되도록 주중을 택하고, 같이 할 사람이 없으면 혼자라도 계속하고 있다.

평일에 배낭을 짊어지고 문밖을 나서기가 조금은 겸연쩍기도 하지만 그동안 열심히 살다가 명예롭게 정년퇴직을 하였으니 부끄러울 게 뭐냐고 자문자답을 하면서.

다행히 광주에는 무등산이 시내에 인접하여 있어 언제라도 쉽게 산행을 할 수가 있다. 무등산은 넉넉하고 원만하며 중후하면서도 범상치 않은 기품으로 찾는 이들에게 기쁨을 준다. 사반 세기 동안 무등산 기슭에서 살아왔으면서도 그 은택을 깨닫지 못하고 있다가 퇴직 이후에야 알게 되었으니 얼마나 굼뜬 일인가.

무등산 기슭까지 오가는 데 시간이 많이 들고, 산행하는 사람들이 많아서 자주 다니긴 어려우니 우선 손쉽게 다닐 수 있는 곳으로 어등산을 생각해 냈다.

어등산은 내가 살고 있는 아파트에서 차를 타고 십여 분만 가면 바로 등산로 입구에 이를 수 있다. 정상인 석봉은 338 미터밖에 되지 않은 야트막한 산인데 그 규모가 커서 오르내리는 코스가 다양하고, 등산객이 붐비지 않고 한적하다.

산행에는 동행자의 수가 적을수록 좋다.

깊은 마음을 서로 스스럼없이 나눌 수 있는 친구와 더불어 산길을 걸으면 지루하지 않을 뿐더러 모르던 세계를 열어가는 즐거움도 있다. 그러나 요설을 늘어놓아 자연과 친화할 수 있는 분위기를 깨뜨릴 사람은 차라리 없는 게 낫다.

적막한 산길을 혼자 걸으며 지나온 일들을 회상해 본다. 지나고 나니 다 별것 아닌 것을, 그때는 왜 그리 맹목적이었는지 모르겠다. 번잡한 세상사에 얽매여 언제 한 번이라도 마음 비우고 자연을 대한 적이 있었던가. 스쳐 지나는 길손으로 그저 꽃을 찾고 단풍을 탄상하는 값싼 감상에 머물렀을 뿐, 자연의 오묘한 순리와 지고한 생명의 신비는 전혀 눈치도 채지 못했었다.

가까이 있고 특별히 내세울 것도 없는 평범한 야산이라고 평상시에 눈여겨 바라보지도 않았던 어등산의 호젓한 숲길을 걸으며 너무나 무식한 내 자신에 놀라지 않을 수 없다.

그 많은 나무와 꽃들과 풀들 중에 내가 이름을 알고, 그 생태나 특성을 아는 것이 별로 없어서 부끄러움을 느끼곤 한다. 요즈음처럼 날로 산의 빛과 향기와 소리가 달라지는 때에는 그 감동을 제대로 표현할 수가 없어서 안타깝다.

산색은 계절 따라 달라지기도 하지만 5월의 산빛은 시간 따라 달라지는 것 같다. 아침나절에는 연초록이다가 오정쯤에는 청록색으로, 해 질 녘에는 감청색으로 보인다.

2주일 전의 어등산 계곡에는 찔레꽃 향기가 감미롭게 널리 퍼져 있더니, 이번 주에는 있는 듯 없는 듯 숨어 있던 떼죽나무꽃의 향기가 옷깃에 젖어든다.

터널 속 같은 산죽 숲길도 좋거니와 도토리나무와 상수리나무가 울창한 숲 사이에 자라고 있는 차나무를 스쳐 지나는 비탈길은 더욱 좋다. 산등성이 가까이 마치 보료를 깔아 놓은 듯 탄력 있는 소나무 숲길 또한 상쾌하다.

산에는 생명의 조화와 섭리가 있다. 큰 나무 줄기에 넝쿨나무가 의지하여 살고, 소나무 그늘에서 자란 춘란은 새싹을 틔운다. 여기저기 산새들이 제 목소리를 뽐내며 짝을 부르고, 벌 나비들은 꽃을 찾아 부지런히 날아다닌다.

지난주에 갔던 지리산 노고단의 장중한 경관과 달궁 계곡의 맑은 물과 공기도 좋았지만, 이 어등산의 아기자기한 초목의 아름다움도 그에 못지않다. 산행을 하는 데 꼭 고산준령이나 명산만 찾을 필요가 있으랴. 명산은 명산대로 좋지만, 이름 없는 야산이라도 그 나름의 묘미가 있다.

아, 나의 스승

스승의 날을 없애자는 주장이 만만치 않더니 요즘은 2월로 옮기자고 주장하는 사람들이 생겼다. 아주 없애는 것이 좀 떨떠름했던 모양이다.

하기야 5월에는 기념일이 많으니까 그런 말이 나올 수도 있을 것이다.

어린이날을 없애거나 어버이날을 없애는 것보다야 스승의 날을 없애는 것이 더 쉽고 그쪽이 여러 사람의 공감을 얻을 수 있을 것이다.

5월이면 이리저리 바쁘고 인사 치를 데도 많아 시달릴 것이다. 학부모의 입장에서 보면 별로 이상할 것 없다. 더구나 아이가 여럿일 경우는 오히려 당연하고 자연스러운 제안이라고 하겠다.

스승의 날은 1960년대 초 청소년적십자단원들의 자발적 운동으로 시작되었다.

청소년들이 올바르게 성장하기 위해서는 올바른 스승이 있어야 한다는 생각. 그 생각이 스승 존경의 행사로 이어졌고 민족의 위대한 스승 세종대왕의 탄신일인 5월 15일을 아예 스승의 날로 정하자고 결정했던 것이다.

그런데 원래의 의도와는 달리 스승의 날을 둘러싼 부작용이 자주 생긴다. 본래의 의미를 송두리째 변질시키는 일을 도처에서 저지르고 있는 것이다.

스승의 날을 없애자는 주장까지 나온 것은 스승이 존경받지 못하는 사회라는 것을 여실하게 보여주는 일이다. '군사부일체'라는 종래의 개념을 알고 있다면 감히 스승의 날을 없애자는 말을 꺼낼 수는 없을 것이다. 아무리 좋은 뜻도 그것을 어떻게 받아들이느냐에 따라서 처음의 시작과는 정반대의 결과를 가져올 수 있다.

스승의 날을 너무 세속적으로 치르려는 생각들이 만연해 있다. 스승의 날은 학부모가 자기 아이를 잘 봐달라고 교사에게 부탁하는 날이 아니다. 부탁까지는 아니라도 달리 관심을 끌려고 활용하는 날이 아니다.

스승의 날 생각하고 감사해야 할 대상은, 학생인 현재의 나를 가르치는 교사가 아니며 내 성적이나 생활에 영향력을 가진 사람이 아니다. 오늘날의 내가 있을 수 있도록 가르치고 길러낸 과거의 선생님이어야 한다. 과거의 선생님은 흘러간 인물로 잊어버리고 당장 현실적 관계가 있는 선생님에게 선물이든 촌지든 바치는 것은 스승의 날 선물이 될 수 없다. 그것은 뇌물에 가깝다.

나는 초등학교에서 대학원까지 수많은 선생님을 만났다. 그러나 그들 모두를 내 스승이라고 생각하지는 않는다. 모든 교사가 다 스승이 될 수는 없다는 것이다. 그러나 나를 가르친 많은 선생님들은 내게 '교사'를 내 평생의 직업으로 가지고 싶은 마음을 심어 주었다.

교사라는 직업은 권력도 없고 보수도 적지만 내가 아무런 망설임 없이 교사의 길을 선택한 것은 나를 가르친 선생님들의 영향이었다. 그중 어느 선생님도 '선생님'이 되는 일에 회의를 품게 하지 않았던 것이다. 그들은 내게 '선생님'이 되는 일은 멋진 일이고 훌륭한 일이며 보람이 있는 일이라고 그들은 스스로의 인격을 통해서 웅변해 주었던 것이다.

그런 의미에서 나는 내가 만났던 수많은 선생님들에게 감사한다. 그리고 그 중 몇 분을 나는 내 스승으로 모시고 있다. 내 스승들은 내게 인생을 건너는 태도에 대하여 가르쳤고 삶은 과정마다 아름다움이 있다고 가르쳤다.

오늘날에도 훌륭한 선생님들은 많을 것이다. 마치 일선 학교의 모든 교사들이 부패한 것처럼 말하는 것은 슬프고 미안한 일이며 불행한 일이다. 아직도 교단에서 삶의 의미와 가치를 찾고 보람을 느끼는 참 교육자들이 많이 건재하고 있다. 때때로 밀려드는 외로움과 회의를 이기고 사람을 기르는 일에 최고의 기쁨을 느끼는 사람들이다.

"교육 기술자는 있되 교육자는 없다."라고 한탄하는 말을 나는 그대로 믿고 싶지 않다.

"선생은 많으나 스승은 없고, 학생은 많으나 제자는 드물다."라고 하는 말도 나는 곧이듣고 싶지 않다.

우리 사회는 교사에게 너무 많은 것을 기대한다. 교육의 주체인 교사의 신념, 그 정체성을 흔드는 일을 서슴없이 행하기도 한다.

학부모가 교실로 들어와 학생들이 보는 앞에서 교사의 멱살을 흔들고 구타하는 일들도 있다. 그것은 그 학부모가 자기 자식에게 가정교육을 전혀 시키고 있지 않다는 것을 스스로 보여주고 있는 행위이다.

학교 교육 이전에 우선되어야 할 것이 가정교육이다. '다른 것은 걱정마라.' '공부만 잘해라.'라고 부추기고 있는 동안 가정교육은 무너지는 것이다.

교육자에게 바라는 사회적 기대도 한계가 없다. 때로는 성직자에게 바라듯 엄숙하고 경건하다가도, 때로는 쉽게 고용한 말단 하수인에게 하듯 함부로 취급하기도 한다. 어디서부터 어긋난 것인지 모르겠다. 교사들이 느낄 자괴감과 모멸감을 우리 사회는 전혀 생각하지도 않는다.

사회는 학생들에게 보여줄 꼴 안 보여줄 꼴 다 보여주어서 이제는 학생들까지도 교사에게 주먹을 휘두르는 일이 빈번하다. 학생들이 어려운 수학 문제를 아무리 잘 풀고 원어민처럼 외국어 구사를 잘 한들 그 지식으로 무엇을 하겠는가? 윤리와 도덕이 흔들리는 교실에서 학생들이 배울 것은 아무 것도 없다.

학교는 공식의 방법만을 가르치고 배우는 곳이 아니다. 목적지에 어떻게든 도달만 하면 되는 것이라고, 거기 도달하기까지의 마음가짐이나 철학에 대해서는 몰라도 된다고 가르치는 곳은 진정한 학교가 아니다.

스승의 날을 없애자고 하기에 앞서 학교를 바로 잡는 일이 더 급한 것 같다. 공교육의 위기라는 말이 요즘 자주 도마 위에 오른다. 학교교육이 제 할 일을 제대로 하지 못하고 사교육에 떠맡기고 있다는 말이다. 사교육은 누구나 받고 싶으면 받을 수 있는 것도 아니다.

엄청난 사교육비를 감당하기 어려워서 이민을 결심하는 사람들도 적지 않다니 예사로 들어 넘길 수 없다. 자식만은 최고로 기르고 싶어 하는 유별난 한국의 부모들은 제 형편은 고려하지 않고 남들이 하는 대로 따라 하느라 고달프다.

학교는 졸업장을 받아야 하니까 어쩔 수 없이 다니고 학원이야 과외야 레슨이야 학생들의 24시간은 그야말로 전투다. 학생들은 학교 선생님의 말은 안 들어도 학원 강사의 말에는 금방 죽는 시늉을 하고, 학교 숙제는 무시해도 학원 숙제는 잘 해간다고 한다. 사교육이 판을 치니 공교육이 경시되고, 경시되어 위축된 공교육 때문에 사교육은 더 기승을 부린다.

공교육이 사교육에 밀리면서 교사의 자리도 밀리고 있다.

예전에는 찢어지게 가난한 집 아이들이 공부를 잘하고 밥걱정 없이 잘사는 집 아이들은 공부를 못했었다. 그러나 이제는 개천에서 용이 나는 일이 어렵게 되었다. 잘사는 집 아이들이 여러 가지 방법으로 단련을 하는 동안 가난한 집 아이들은 부실해진 공교육에 머물러 있어야 하기 때문일 것이다.

한 나라의 정책 가운데 가장 장기적 지속적으로 추진되어야 할 것이 교육정책인데, 가장 자주 바뀐 장관 중에 교육부장관이 꼽힌다니 한심하다.

스승의 날 전교생을 학교에 등교하지 않게 함으로써 촌지를 막으려고 하는 방법은 유치하다. 스승의 날을 맞을 때마다 괴로운 사람들이 적지 않다면 국가기념일로 제정한 의의가 무산된다. 없애는 것이 차라리 좋을 것이다.

내 스승들은 대부분 이미 세상을 떠나셨다. 내가 가장 가난하고 외로울 때 희망의 끈을 놓지 않게 했고, 절망의 난

간에서 길을 잃었을 때 자존과 긍지의 마음을 일으켜 스스로 불을 켜게 했던 나의 스승들.

더 성공해서 자랑스러운 모습으로 뵈리라 미루는 동안 때를 놓치고 말았다. 스승의 날마다 그들을 생각한다. 내가 좀 더 일찍 깨달았던들 따뜻한 저녁 한 끼라도 대접할 수 있었을 텐데. 아, 훌륭했던 나의 스승들 그들을 존경하면서, 부끄러운 마음으로 추억한다.

푸른 꿈, 흰 꿈

고등학교 1학년 초였다.

의기투합한 친구들이 모여서 이름을 '청운회靑雲會'라 지었었다. 모두 다섯 사람이었다. 우리는 태어난 순서에 따라 자연스럽게 수水 · 석石 · 송松 · 죽竹 · 월月로 아호를 삼자고 하였고 그중 석石이 내 차지가 되었다.

아마 중학교 국어교과서에서 고산 윤선도 선생의 〈오우가〉를 처음 접했을 것이다. 이 작품을 배운 지 얼마 안 된 때였고, 국어선생님의 열정적인 수업도 우리의 다짐을 더 굳게 종용하였을 것이다.

물의 지속적인 흐름의 미덕, 바위의 불변성, 소나무의 상청常靑과 절개, 대나무의 허심虛心과 절조節操, 달의 광명과 침묵의 덕성. 이것을 배워 닮아가자고 결심하면서 우리들의 가슴은 뜨거웠었다. 그것이 바로 다섯 소년들이 품었던 청운의 꿈이었고 인생의 목표였었다.

그러나 고교 졸업 후 제 각각 동서남북으로 흩어져 서로 다른 환경에서 다른 길을 걸어갈 수밖에 없었다. 제각기 가정을 이루고, 생활에 구속되어 숨 가쁘게 살아오면서 가끔 소식을 듣기는 했지만 우리는 어느새 '청운회가 있었지.', '어린 시절이었지.' 하는 정도의 지나간 일로 추억하면서 차츰 잊어 가고 있었다.

살아가는 일이 언제나 순탄한 것만은 아니지 않던가. 마치 장애물 경주라도 하듯이 파란이 겹치고 연달은 시련에 절망도 했지만 그래도 주저앉지 않고 달려왔으니, 그것만도 다행한 일이다.

모두 정년퇴임을 하고 모처럼 한숨 돌리게 되자, 지나온 일도 돌아보게 되었다. 소년시절의 잃어버린 꿈을 회상하면서 우리는 비로소 서로의 이름을 다시 부르게 된 것이다. 실로 50여 년이 지난 다음이었다.

10대의 소년들이 지녔던 젊은 날의 꿈은 그날의 빛깔처럼 푸르게 이루어졌는가? 그러나 덧없는 세월을 좇아오느라 무성하던 녹발은 너나없이 백발로 변해 버렸다.

"청운회를 위하여."

수석송죽월 중 수水격인 J가 소리쳤다. 쇠락한 나이지만 목소리는 여전하였다.

"청운은 무슨 청운, 백운으로 하자."

월月인 K가 수정 제안하였다. 우리는 아무런 이의를 달지 않았다. 그리하여 청운회는 50년 후 백운회가 되었다.

이름만 바꾸었지 사람은 옛날 사람 그대로인데 사실은 옛날 사람 그대로가 아니었다.

백운회 회원들은 이제 새로운 꿈을 설정하지 않는다. 어떻게 나이들 것인가를 궁리한다. 어떻게 마무리하여야 아름다운 그늘을 드리울 수 있을까를 생각한다. 아무도 혈기를 내놓지 않고 만용이라도 앞세우지 않아 때로는 쓸쓸하다. 그러나 그것이 순리일 것이다.

청운의 꿈은 거세고 높아도, 백운의 꿈은 투명하고 고요하다.

이상한 것은 모두들 그럴싸한 아호를 가지고 있는데 청운회 시절의 그 아호와 비슷한 이미지를 가지고 있다는 사실이다. 이를테면 송松은 송재松齋로, 죽竹은 죽헌竹軒으로 바뀐 것이다. 아호의 의미가 현재 모습의 반영 혹은 닮고 싶은 모습의 구체적 표어라고 한다면 백운회는 모두 청운회 시절의 다짐을 지니고 살았다는 말이 아니겠는가. 청소년 시절의 이상, 그 시절의 결의가 전 인생의 이정표가 된다는 것을 새삼 깨닫게 한다.

감사한 일은 다섯 벗들이 아직 건강한 몸을 지탱하고 있다는 사실이다. 젊은 날의 풋풋하던 이상 그대로 곧고 바르게 살아왔는가, 옛날의 꿈은 오늘, 지금과 어떤 거리를 두고 있는가는 따지지 않아도 될 것이다. 마주 앉은 벗들의 표정에서 지나간 날을 읽고 공유할 수 있는 추억 속에 잠기는 것만도 즐겁고 행복하다. 교육자로, 대학 행정가로, 학자로, 사업가로 제각기 열심히 살아온 벗들의 생애는 그런 대로 의미 있는 삶이라 자평할 수 있을 것 같다.

가끔 찾아가는 고향은 자꾸 낯설어진다. 들판에 새 길이 뚫리고 옛날에 없던 고층 건물들이 여기저기에 서서 두리번거리는 나를 위압하고 있다. 그나마 사자산과 억불산이 나를 내려다보고 있어 고향을 느끼게 하지만 '인걸은 간데 없다.'는 옛시인의 노래처럼 다정한 얼굴들은 찾을 길 없고, 나를 알아보는 이 없으니 타향이나 다를 바 없다. 아니 타관에서보다 더한 낯섦과 외로움을 느끼게 된다.

그래도 C가 있어 내게는 큰 위안이다. 그는 구순이 넘은 노모를 봉양하면서 유일하게 고향을 지킨다. 고향의 인정을 사랑하고 흙냄새를 좋아하는 C는 모교에서 후생들을 가르치다가 과감히 명퇴를 단행한 후 자유롭게 살고 있다. 이러저러한 구실로 타향을 전전하고 있는 내게 C는 고향 그 자체이다. 올곧고 청렴한 성품을 지닌 그가 오늘도 옛 장흥 성터의 산길을 걷거나, 탐진강 가를 소요하면서 학처럼 늙어가고 있을 것이다.

■ 연보

1938년 전남 장흥군 안양면 사촌리 567 번지에서 아버지 李成根과 어머니 金德任의 장남으로 태어남.

1952년 안양동초등학교 졸업.

1955년 장흥중학교 졸업.

1958년 장흥고등학교 졸업.

1963년 동국대학교 문리과대학 국어국문학과 졸업.

1964년 동국대학교 대학원 석사과정 1년을 마치고 입대. 포병학교를 거쳐 28사단 포병 FDC에서 근무하다가 12월에 의가사 제대를 함.

1965년 도농중학교 국어과 교사로 부임.

1966년 결혼(이향아와). 전주신흥고등학교 교사로 부임.

1971년 경성고등학교 교사로 부임.

1972년 동국대학교 대학원 석사학위 받음.

1981년 조선대학교 인문과학대학 전임강사로 부임.

1991년 동국대학교 대학원 박사과정 수료. 문학박사학위 받음.

1991년 전남문화원연합회 지도위원. 전남향토문화상 심사위원.

1992년 전라남도 지명위원.

1994년 조선대학교 인문과학대학 학장.

1995년 금호문화재단 장학위원.

1996년 광주시립민속박물관회 부회장.

2001년 조선대학교 부총장.

2004년 조선대학교 정년퇴임.

『수필과비평』 신인상을 받아 등단.

2006년 한국사이버대학 겸임교수~이후 5년간

2010년 수필집 『당신의 뒷모습』 간행.

2011년 수필과비평작가회의 회장.

2013년 서울시 강남구 도곡동 주민자치위원회 위원장.

2013년 서울시 강남구 주민자치위원장연합회 감사

2014년 수필과비평문학상 수상.

2016년 강남문인협회 부회장.

2017년 수필집 『아버지의 바다』 간행.

2018년 수필선집 『꽃 이름을 외운다』 간행

현대수필가 100인선 II· 51
이현수 수필선

꽃 이름을 외운다

초판인쇄 | 2019년 01월 20일
초판발행 | 2019년 01월 25일

지은이 | 이 현 수
펴낸이 | 서 정 환
펴낸곳 | 수필과비평사 · 좋은수필사

주 소 | 서울시 종로구 삼일대로 32길 36.
(익선동 30-6) 운현신화타워 305호
전 화 | 02)3675-5635, 063)275-4000
등 록 | 제300-2013-133호
홈페이지 | http://www.shinapub.com
e-mail | essay321@hanmail.net

값 8,000원

ISBN 979-11-5933-205-0 04810
ISBN 979-11-85796-15-4 (세트) 04810

이 도서의 국립중앙도서관 출판시도서목록(CIP)은 서지정보유통지원시스템 홈페이지(http://seoji.nl.go.kr)와 국가자료공동목록시스템(http://www.nl.go.kr/kolisnet)에서 이용하실 수 있습니다.(CIP제어번호: CIP2019002474)